COMO SE TORNAR UM LÍDER

SABEDORIA CLÁSSICA *para leitores modernos*

Plutarco

COMO SE TORNAR UM LÍDER

um guia clássico sobre liderança eficaz

SELEÇÃO E INTRODUÇÃO
Jeffrey Beneker

TRADUÇÃO
Bruno Gripp

PREFÁCIO
Marco Lucchesi

EDITORA
NOVA
FRONTEIRA

Título original: *How to Be a Leader: An Ancient Guide to Wise Leadership*
Copyright © 2019 by Princeton University Press

Direitos de edição da obra em língua portuguesa no Brasil adquiridos pela Editora Nova Fronteira Participações S.A. Todos os direitos reservados. Nenhuma parte desta obra pode ser apropriada e estocada em sistema de banco de dados ou processo similar, em qualquer forma ou meio, seja eletrônico, de fotocópia, gravação etc., sem a permissão do detentor do copirraite.

Ilustração de capa: Stefano Marra

Editora Nova Fronteira Participações S.A.
Rua Candelária, 60 — 7º andar — Centro — 20091-020
Rio de Janeiro — RJ — Brasil
Tel.: (21) 3882-8200

CIP-BRASIL. CATALOGAÇÃO NA PUBLICAÇÃO
SINDICATO NACIONAL DOS EDITORES DE LIVROS, RJ

P789c

Plutarco

Como se tornar um líder: um guia clássico sobre liderança eficaz / Plutarco; organização Jeffrey Beneker; [tradução Bruno Gripp; prefácio Marco Lucchesi]. - 1. ed. - Rio de Janeiro: Nova Fronteira, 2020.

136 p.; 21 cm.

Tradução de: How to be a leader: an ancient guide to wise leadership
ISBN 9788520944783
1. Liderança. 2. Liderança - Aspectos morais e éticos. I. Beneker, Jeffrey. II. Gripp, Bruno. III. Título.

CDD: 658.4092
CDU: 005.322:316.46

Leandra Felix da Cruz Candido - Bibliotecária - CRB-7/6135
24/01/2020 24/01/2020

Para Helen e Luis

Sumário

Prefácio 9
Introdução 13
Notas sobre a edição 21

Para um líder inculto 23
Como ser um bom líder 33
Deve um homem de idade participar da política? 69

Pessoas e termos importantes 105
Notas 121
Sobre o autor 133

Prefácio

Como todos os meninos, fui também um caçador de heróis. A leitura de *Vidas paralelas* de Plutarco, largo manancial de coragem e ousadia, ordenou parte desse imaginário caçador. Sonhava ideias generosas e temperava o caráter com Alexandre e Júlio César, Teseu e Rômulo, Demóstenes e Cícero. Textos paralelos, espelhos de diálogo, esquinas do passado com o futuro. Não havia nada que não fosse amplo e altissonante naquelas páginas. Não se perdoavam gestos pequenos ou indignos. As vidas ensinavam, mas eram três: as duas, que Plutarco redigia, e a do leitor, buscando imprimir, de forma altiva, para si mesmo, uma biografia renovada.

Jeffrey Beneker é um amigo de Plutarco — das tantas amizades que se formaram em torno de seu nome e ao longo de dois mil anos. Jeffrey estudou o método das biografias, a composição e a finalidade, assim como os fundamentos éticos das *Vidas* e de outro importante conjunto de textos plutarquianos, intitulados *Morália*.

O autor se move, com destreza e intimidade, entre cenários quase invisíveis, quase desfeitos, bate à porta de fantasmas vivos, mais vivos do que certos líderes atuais, a ressuscitar vozes e a buscar modos de ler o mundo.

Eis a matriz de sua inspiração, ideias que respondam, de forma aproximada, à crise política e de representação nas democracias de baixa intensidade, na perda de volume institucional e na consequente escassez de lideranças.

O mundo antigo tem muito a ensinar desde o Renascimento. Se todas as épocas possuem uma visão do sublime, não podemos desconsiderar os elementos seminais da História do Ocidente. Plutarco pode ser um aliado na recuperação do território, da cidade, do governo concreto, longe de uma certa abstração federativa que despreza o lugar onde se vive.

A visão do herói, um arquétipo oportuno e incontornável, é útil para a formação dos meninos. Mas não precisamos de heróis. E os que se arrogam tal condição ameaçam as instituições republicanas.

Desejamos lideranças corais, que não percam o horizonte da comunidade e do pertencimento. Lideranças que compreendam a formação do consenso e a liturgia do cargo. Plutarco pode servir de farol em tempos obscuros. E indicar mais uma vez que, sem educação republicana, não haverá saída para o futuro.

Marco Lucchesi
Escritor, poeta, professor, ensaísta e tradutor,
membro da Academia Brasileira de Letras

Introdução

Se você fosse um pedreiro ou um canteiro no ano 100 d.C. e vivesse perto de Queroneia, uma pequena cidade na Grécia Central, você poderia ser contratado por Plutarco para um projeto de obras públicas. Ele estaria com cinquenta e poucos anos, velho o bastante para ele mesmo pegar peso, mas disposto a representar o povo de Queroneia e supervisionar o trabalho feito por você. E se a ele — um escritor erudito e prolífico que estudou em Atenas, deu aulas em Roma e fez conexões nos escalões mais altos da sociedade imperial — você perguntasse por que ele se importava com problemas locais tão corriqueiros, como a instalação de telhas e o espargimento de cimento, ele mesmo poderia dizer: "Não estou construindo essas coisas para mim, mas para minha cidade natal." "A cidade antes de mim", na verdade, é um lema que se poderia ouvir de Plutarco com muita frequência. Certamente, esse era o princípio básico de seu pensamento político, em especial na forma como se manifesta nos três ensaios contidos neste volume: "Para um líder inculto", "Como ser um bom líder" e "Deve um homem de idade participar da política?".

Na época de Plutarco, a cidade era a unidade política fundamental do mundo grego havia séculos. Frequentemente designadas como "cidades-estados", as cidades gregas antes do advento do Império Romano eram entidades independentes, com seus próprios exércitos, política externa, comércio e sistemas políticos. Sob o controle romano na época de Plutarco, elas continuaram unidades semi-independentes, não mais envolvidas diretamente em guerras ou questões externas, mas ainda responsáveis pela administração de suas questões internas, como o patrocínio de festivais, angariação de fundos, decisões de disputas jurídicas entre cidadãos e, claro, construções de obras públicas. A cidade, então, era o ambiente no qual os políticos gregos operavam. A palavra portuguesa "política" é, de fato, originada do grego e deriva de *polis*, a palavra para "cidade".

Um pressuposto subjacente dos ensaios de Plutarco é que todos que desejassem se tornar líderes públicos tinham que primeiro obter a confiança de seus eleitores, isto é, de seus concidadãos. Eles exerciam política e, assim, construíam suas reputações ao falar em tribunais, ocupar cargos eletivos e fazer caridade e serviço voluntário. A tribuna, ou a plataforma do orador, é especialmente importante na visão da vida política de Plutarco. Nesse lugar, eles tinham sua maior visibilidade, enquanto tentavam persuadir (e às vezes enganar) seus concidadãos a apoiar seus programas por meio de legislação, decretos e alocação de fundos. Os governantes podiam esperar ganhar prestígio quando a cidade prosperava e podiam ser responsabilizados quando não prosperava. O acúmulo de prestígio (e a isenção de responsabilidade) poderia levar não apenas à eleição para cargos mais importantes, mas também a honras públicas e missões importantes, como uma embaixada para um alto mandatário romano ou a designação para um conselho ou posto sacerdotal proeminente. É importante notar que esses políticos não eram profissionais. Eram homens da elite cuja fortuna permitia que tivessem tempo livre para o serviço público e cujo status poderia ser criado ou incrementado pela liderança política. Esperava-se mesmo que usassem suas fortunas para beneficiar suas cidades, por meio do financiamento de projetos públicos, por exemplo, ou o patrocínio de festivais. Assim, a política era um lugar para os aristocratas realizarem as obrigações de sua casta e para competirem entre si.

De fato, a arena política era bem semelhante à arena atlética, e Plutarco frequentemente faz uso da linguagem esportiva — falando de disputas e competidores — para descrever a interação de políticos. Como nos esportes, também na política havia corridas a serem vencidas, o que gerava seus próprios problemas. Líderes políticos podiam focar seu próprio sucesso em vez de focar o interesse do Estado, concebendo eleições, por exemplo, como competições a serem vencidas mais pela satisfação de vencer e encarando a vitória eleitoral como prova de sua superioridade geral. Em tal contexto, o lema atribuído a Plutarco, "a cidade antes de mim", poderia facilmente ser invertido, com políticos tentando não somente aumentar sua reputação, mas também promover seus amigos e enriquecer a si mesmos à custa do povo. Contudo, seus concidadãos poderiam se cansar de todas essas vitórias e, ainda que os vencedores tivessem como objetivo beneficiar a cidade, o povo poderia, em vez de louvar políticos de sucesso, começar a invejá-los. A inveja, por sua vez, frequentemente inspirava tentativas de jogar por terra a carreira ascendente de um político através da oposição de facções ou ataques pessoais. Nada disso era bom para a prosperidade de uma cidade.

Nos três textos aqui apresentados, Plutarco busca acima de tudo enfatizar que líderes políticos devem subordinar seus próprios interesses aos do Estado. Na verdade, antes ele argumenta de várias maneiras que o interesse do indivíduo e o interesse do Estado são a mesma coisa. Assim, ele espera que a carreira política de sucesso seja primeira e fundamentalmente estabelecida em um caráter individual e na integridade pessoal. Quanto melhor a pessoa fosse, melhor seria o governante; quão melhor o governante, melhor o Estado. Ele defende isso diretamente em "Para um líder inculto", ensaio em que seu argumento ganha uma formulação teórica. Nos outros dois, porém, Plutarco calca seu conselho e seus argumentos nas experiências de vida de grandes homens (às vezes fracassados) do passado. Seus ensaios são, nesse sentido, uma convocação dos líderes políticos mais famosos da história greco-romana. Ele está ciente, porém, de que os tempos mudaram e de que os líderes do passado dirigiam grandes exércitos e governavam cidades poderosas, ao passo que os de seu tempo agiam em um ambiente mais restrito: Roma estava sempre à espreita, fornecendo paz e estabilidade política, mas também pronta para esmagar o líder excessivamente ambicioso que buscasse ir longe demais. Plutarco, portanto, tem o cuidado de destilar de seus exemplos a essência da liderança política sábia em vez de somente elevar a grandeza. Lemos, por exemplo, como Temístocles e Aristides colocaram de lado sua rivalidade partidária sempre que representavam Atenas no estrangeiro; como Catão, o Velho, dedicou sua vida a servir Roma, mas recusou qualquer honra material; como Teopompo, rei de Esparta, cedeu parte de seu poder para deixar a monarquia mais estável; como Epaminondas de Tebas tinha tanto orgulho em supervisionar as ruas quanto em governar o exército. Baseado nas experiências dessas e de dezenas de outras figuras históricas, Plutarco dá exemplos do passado que são relevantes para sua audiência contemporânea e, nesse processo, ele os fez relevantes também para a audiência moderna.

Plutarco era singularmente apto para escrever esses ensaios teóricos e práticos. Era ao mesmo tempo nativo da

Grécia e cidadão de Roma, e viveu durante o primeiro e o segundo séculos da era moderna. Embora considerasse Queroneia sua casa, ele viajava bastante, fez amizades entre a elite romana e manteve um posto de sacerdote em Delfos. Seu vasto conhecimento de política, filosofia e história deu-lhe uma habilidade singular: não apenas observava e valorizava sua própria época, o período em que o Império Romano esteve em seu auge, mas também refletia tanto sobre o passado grego quanto sobre o passado romano. Seu projeto literário mais ambicioso foi *Vidas paralelas*, uma série de biografias que justapõe a vida de um político grego com a de um romano reunidas em um único livro. Ele também escreveu muitos ensaios, conhecidos coletivamente como *Morália*, sobre diversos assuntos, incluindo política, ética, filosofia e religião. Os ensaios neste livro vêm dessa coleção.

Tanto *Vidas paralelas* quanto *Morália* foram amplamente lidos por mais de um milênio depois da vida de Plutarco, especialmente na região helenófona do Império Bizantino. Eles foram primeiramente traduzidos para o francês e o inglês durante o século XVI, quando começaram a influenciar pensadores políticos e autores, sendo Shakespeare o mais famoso entre eles. No século XVIII, *Vidas paralelas* em especial era lido pela perspicácia na visão da liderança e do governo por alguns dos pais fundadores americanos, que podem ter se imaginado como gregos e romanos do mundo moderno. Assim, eles provavelmente viram em homens como Péricles e Catão modelos inspiradores. Contudo, os tempos mudaram novamente, bem como o perfil do líder moderno. Embora Plutarco imaginasse um homem político, seu foco em princípios gerais de liderança faz seus ensaios acessíveis a qualquer pessoa envolvida em política democrática, não apenas em sua cidade, mas também no nível estadual e nacional.

Jeffrey Beneker

Notas sobre a edição

Por ser amplamente versado na literatura grega, Plutarco exprimia seus pensamentos citando com frequência obras literárias. Nos textos aqui apresentados, ele menciona muitas vezes palavras de Homero, Píndaro, Sófocles e Eurípides, entre outros. Quando ele assim o faz, eu forneci as referências específicas nas notas. Às vezes ele cita textos de literatura que se perderam para nós, obras das quais não restaram mais títulos nem nomes dos autores. Nesses casos, eu coloquei as palavras e frases entre aspas, mas não incluí nenhuma referência.

Plutarco também menciona muitas figuras históricas e às vezes emprega termos técnicos, sobretudo ao se referir a cargos no sistema político romano. Para algumas dessas pessoas e desses termos, os próprios ensaios explicam seu significado ou uma nota simples é suficiente. Para outros, especialmente aqueles que aparecem com frequência, eu providenciei biografias muito breves e definições em um apêndice.

Como mencionado na introdução, os textos de Plutarco enfatizam princípios gerais de liderança que se aplicam a todas as pessoas. Ainda assim, ele presumia um leitor homem e que a política era uma atividade masculina. Às vezes ele usa exemplos que vão parecer arcaicos ao leitor moderno: o rei persa deve ser o senhor de sua esposa, por exemplo, ou que administrar a casa é trabalho da mulher. Esses são aspectos do mundo de Plutarco e foram mantidos na edição.

O texto grego que serviu como base para esta edição vem do volume X da *Morália* (Harvard University Press, 1936), na Loeb Classical Library, com apenas pequenas mudanças. Os três ensaios neste volume têm o seguinte título na edição da Loeb: *To an Uneducated Ruler (Ad principem ineruditum)*; *Precepts of Statecraft (Praecepta gerendae reipublicae)*; e *Wheather an Old Man Should Engage in Public Affairs (An seni respublica gerenda sit)*.

Jeffrey Beneker

Para um líder inculto

Neste breve tratado, Plutarco refuta a noção de que o benefício de ocupar um cargo político é somente a oportunidade de exercer poder. Essa é a posição míope de líderes incultos, que ele apresenta como inseguros e com medo do povo que governam. Líderes educados, por sua vez, estão primeiramente preocupados com o bem-estar de seus eleitores, mesmo à custa de seu poder ou segurança pessoal. Um líder torna-se educado, na visão de Plutarco, através da exposição à filosofia, em particular à filosofia moral. O maior benefício a se tirar desse tipo de educação é o desenvolvimento do *Logos*, ou Razão, que é essencial para controlar as emoções e impulsos. Líderes que se permitem serem governados pela Razão vão governar com benevolência suas cidades. O líder inculto, por sua vez, está atormentado por ganância, paranoia e um falso senso de grandiosidade.

Neste ensaio, Plutarco tem Deus como o ideal a quem os líderes devem se comparar e se assemelhar. Esse deus, porém, não é uma das divindades do panteão politeísta grego, mas antes um conceito filosófico que Plutarco tomou emprestado de Platão. Representa uma Razão pura e a perfeição da virtude moral. Plutarco considera que essa divindade está nos céus, onde o sol se torna sua manifestação física. E como o sol no céu representa a perfeição da divindade, assim também o líder que é governado pela Razão exibe um exemplo de virtude para os cidadãos da cidade e, ainda mais, o líder virtuoso pode, por seu lado, tornar os cidadãos virtuosos. Assim, a boa liderança política depende não da formulação e da prática de políticas específicas, mas no desenvolvimento moral dos próprios líderes.

1. Os habitantes de Cirene pediram a Platão que escrevesse leis e reformasse a constituição da cidade. Ele, porém, recusou, alegando ser difícil legislar para os habitantes de Cirene, que já eram tão felizes. Afinal, "não nasceu nada tão arrogante, ríspido e ingovernável quanto um homem" que assumiu a condição aparente de sucesso.[1] Por isso, é difícil que haja um conselho aos governantes sobre a liderança, pois temem acolher a palavra como um outro governante, temendo que, servindo ao que é conveniente, ela impeça a fruição do prazer de seu poder. Pois não conhecem as palavras de Teopompo, o rei dos espartanos, que foi o primeiro em Esparta a envolver os éforos nos assuntos dos reis. Quando a esposa o criticou por deixar aos filhos um poder menor do que aquele que recebeu, ele disse: "Na verdade, será até maior, na medida em que for seguro!" De fato, ao relaxar seus excessos e intemperanças, fez o risco desaparecer junto com a inveja. Certamente, quando Teopompo passou para os éforos responsabilidades do governo, como se desviasse o curso de uma grande torrente, afastou de si o que ele passou a outros. A razão filosófica, ao se assentar ao lado do governante como um auxiliar e guarda, como se removesse o aspecto inseguro da condição física do poder, deixa-o saudável.

2. Mas, por falta de senso, a maior parte dos reis e líderes imita os escultores imperitos, que pensam que os colossos hão de parecer grandes e poderosos se esculpidos dando passos largos, estendidos e de boca aberta; de fato, julgam imitar o tamanho e a pompa da liderança por meio da voz

baixa, da rispidez do olhar, da irritação do jeito de ser e do afastamento no modo de vida, em absolutamente nada se diferindo das estátuas colossais, que no exterior têm um aspecto heroico e divino, mas que por dentro estão cheios de terra, pedra e chumbo.[2] A única diferença é que estas características de gravidade nas estátuas servem para preservar a rigidez e a fixação estáveis, mas os generais e líderes incultos muitas vezes tropeçam e caem por causa da ignorância interior. Afinal, balançam por não terem estabelecido o poder elevado corretamente em uma fundação. É necessário ficar rígido e inflexível como a própria régua, e dessa maneira endireitar o restante com o ajuste e a comparação; da mesma forma, o governante primeiro deve adquirir o governo sobre si mesmo, endireitar a alma e estabelecer o caráter, e assim ajustar os súditos. Pois não compete ao que cai endireitar ninguém ou ao ignorante ensinar, e tampouco compete ao que não possui beleza embelezar os outros; ou o que é desajustado ajustar; ou governar o que não tem governo. Porém, a maior parte das pessoas pensa mal e considera que o primeiro benefício de se estar no poder é não ser governado. Da mesma forma, o rei dos persas considerava todos os servos seus, exceto a própria esposa, aquela de quem ele mais deveria se assenhorar.

3. Quem então há de governar o governante? A "lei, rainha de todos os mortais e imortais", como disse Píndaro. Mas não me refiro a uma lei escrita externamente em livros ou em algumas placas de madeira, mas à Razão, viva em si, sempre acompanhando e preservando a alma, jamais a

deixando sozinha no poder. De fato, o rei dos persas tinha um de seus escravos assinalado para isso, de modo que, ao entrar pela manhã, dizia-lhe: "Levantai-vos, ó Rei, e pensai nos assuntos, com os quais o grande Oromasdes quis que vos preocupásseis."[3] No caso dos líderes cultos e sensatos, aquele que sempre diz e ordena isso está dentro deles. De fato, Polémon dizia que o amor é "serviço dos deuses para o cuidado e salvação dos jovens". Seria possível dizer ainda mais verdadeiramente que os governantes servem a Deus para o cuidado e a salvação dos homens, a fim de distribuir e preservar os dons bons e belos concedidos por Deus e proteger os demais. "Vês esse céu ilimitado no alto, detendo ao redor a terra em braços úmidos?"[4] O céu lança o começo das sementes necessárias, enquanto a terra as produz. Umas vão crescer de chuvas, outras de ventos e outras aquecidas pelos astros e pela lua, com o sol adornando tudo e misturando em tudo seu próprio encantamento. Mas, de tantos e tais dons e bens que os deuses oferecem, não há desfrute ou utilidade correta longe da lei, da justiça e de um líder. Portanto, a justiça é o objetivo da lei, esta é obra do governante e este é uma imagem de Deus que tudo adorna, sem necessitar de um Fídias que o molde ou um Policleto ou um Míron, mas sempre estabelecendo a si mesmo na semelhança com Deus por meio da virtude e produzindo as mais belas e divinas imagens de se ver.[5]

Como Deus assentou o sol no céu como uma imagem de Si belíssima, e também a lua, nas cidades o governante é uma representação de Deus e fonte de luz, "ele detém a justiça tal qual um deus",[6] isto é, com a razão, o pensamento de Deus, não com o cetro, o raio ou o tridente, como alguns moldam e esculpem para si, produzindo uma hostilidade insensata por tentar imitar o que não é alcançável. Pois o Deus se indigna com aqueles que imitam fulgores, trovões e raios, mas ele fica feliz com aqueles que emulam sua virtude e se assemelham ao que é belo e benevolente. A esses, fornece prosperidade, justiça, verdade e mansidão. O fogo não é tão divino quanto eles, nem a luz, o caminho do sol, o levante e o pôr dos astros, nem sequer a eternidade e imortalidade. Pois o Deus não é feliz pelo tempo de vida, mas pelo governo da virtude; de fato, isso é divino. E outro de seus belos aspectos é ser governado.

4. Anaxarco, na ocasião do assassinato de Clito,[7] consolava Alexandre, que muito sofria. Anaxarco disse que Lei e Justiça eram os conselheiros de Zeus e que tudo que fosse feito por um rei pareceria justo e digno.[8] Mas, ao tentar diminuir o remorso de Alexandre por seu crime, acabou por estimulá-lo a cometer outros. Mas, se é preciso transformar tais pontos em personagens, Zeus não tem a Justiça como conselheira, sendo ele mesmo Justiça e Lei, isso é o mais antigo e perfeito dos preceitos. Os antigos dizem, escrevem, ensinam assim: que nem Zeus é capaz de governar bem sem a Justiça. De acordo com Hesíodo,[9] "ela é uma virgem" íntegra, companheira da veneração, da moderação e do proveito, motivo por que chama os reis de "venerandos". De fato, convém venerar sobretudo aqueles que temem menos. E é preciso que o governante, mais do

que sofrer, tema fazer; pois isso é a causa daquilo, e este é o temor benevolente e não espúrio do governante: temer que os governados sejam prejudicados inconscientemente, "como cães que vigiam o gado em um redil ao perceberem a vinda de uma fera vigorosa",[10] não por si, mas pelos que eles guardam. Epaminondas, quando os tebanos corriam desbragadamente para uma festa e uma bebedeira, foi o único a inspecionar as armas e as muralhas, alegando estar sóbrio e vigilante para que os outros pudessem ficar embriagados e dormir. Também Catão em Útica ordenou todos os outros, depois da derrota, que partissem em viagem; depois que todos embarcaram, rogou uma boa viagem. Então retornou para casa e se suicidou. Com isso ensinou quem o governante precisa temer e o que ele deve desprezar.[11] Clearco, o tirano da Heracleia Pôntica, entrava em uma caixa e dormia como uma serpente. Aristodemo, de Argos, subia a uma habitação elevada que tinha um alçapão trancado à chave e lá dormia com a concubina. A mãe desta removia por baixo a escada, e novamente de dia vinha e recolocava.[12] Como essa pessoa, pensem, haveria de temer o teatro, o edifício público, o conselho dos anciãos e o simpósio, se fazia de seu quarto uma prisão? Os reis de verdade temem pelos governados, já os tiranos temem os governados;[13] por isso, quanto mais aumentam a força, mais aumentam o temor, pois, ao governarem mais pessoas, temem mais pessoas.

5. De fato, não é provável nem conveniente, como alguns filósofos dizem, que Deus subsista misturado à ma-

téria que sofre de tudo e a objetos que sofrem milhares de contrições, sortes e mudanças; Ele está no alto, assentado em algum lugar próximo da natureza, que sempre está do mesmo modo, em assentos sagrados, tal qual diz Platão,[14] "naturalmente terminando sua caminhada de modo direto".[15] Assim como o sol aparece no céu como cópia fiel ou reflexo da imagem de Deus para os que são capazes de percebê-lo através desse espelho, Deus assentou nas cidades o fulgor de sua justiça e razão como uma imagem, que os bem-aventurados e sensatos copiam por meio da filosofia, moldando a partir da máxima beleza.[16] Nada produz essa disposição senão a razão advinda da filosofia. Para que não padeçamos o que padeceu Alexandre, que, ao contemplar Diógenes em Corinto, gostando dele por causa da nobreza e admirando o pensamento e o tamanho do homem, disse: "Se eu não fosse Alexandre, seria Diógenes." Faltou pouco para dizer que estava oprimido pela sua fortuna, glória, força como impedimento e óbice para a virtude. Invejava os andrajos e o alforje, porque com esses Diógenes era invencível e inexpugnável, não como o outro por meio de armas, cavalos e lanças.[17] Portanto, sendo possível tornar-se Diógenes na disposição de filósofo e permanecer Alexandre na sorte, era por isso preciso que ele se tornasse mais Diógenes, porque era Alexandre, como se, por causa de sua grande sorte, tivesse muito vento e tumulto, e necessitasse de um grande piloto e muito lastro.

6. Entre os fracos e humildes e cidadãos comuns, a insensatez se une à ausência de poder e não gera dano algum,

como em pesadelos, quando uma angústia perturba a alma, mas esta, incapaz de seguir os desejos, não responde; já o poder acolhe a perversidade, coloca tendões nas paixões. As palavras de Dionísio são verdadeiras, pois ele dizia que desfrutava mais do poder quando podia fazer o que quisesse rapidamente. Portanto, grande é o perigo que corre a pessoa que pode fazer a vontade querer o que não deve: "Tão logo uma palavra surge, cumpre-se a ação."[18] A perversidade, por ter um caminho direto[19] por causa do poder, emite todo tipo de paixão, transformando a ira em assassinato, o amor em fornicação, a ganância em confisco.[20] "Tão logo surja uma palavra", e perece quem se ofende; suspeita, e morre o caluniador. Mas, como os físicos dizem, o trovão segue ao raio como o sangue à ferida; primeiro vemos o raio, e a audição espera pelo barulho quando a vista imediatamente encontra a luz.[21] Assim, nos cargos de liderança, os castigos podem chegar antes das acusações, e as condenações, antes dos indícios. "Pois o coração não mais suporta, como uma âncora na areia em meio ao balanço." O pensamento, por não ter peso, oprimiria e forçaria o poder, com o governante imitando o sol, que, quando atinge a mais alta elevação, alçado ao topo, move-se o menos possível, estabelecendo com segurança seu caminho, o mais lentamente possível.

7. De fato, os vícios jamais passam despercebidos quando se está no poder, mas os epilépticos, se atingem ou são levados a postos elevados, a tontura e o tremor o dominam, confirmando sua doença. Quanto aos incultos e ignoran-

tes, a sorte, tão logo os exalta deixando-os no alto em riquezas, fama e poder, imediatamente os mostra caídos. Ou antes, como os vasos vazios cuja impureza ou dano ninguém adivinharia, quando se verte algo neles, o vazamento deixa evidente. Assim, as almas quebradas, não resistindo ao poder, transbordam os desejos, as iras, as imposturas, as desmedidas. E o que se deve dizer quando até as mínimas falhas são acusadas entre os homens famosos e gloriosos? A acusação de Címon era o vinho, a de Cipião, o sono,[22] e de Lúculo foram criticados até seus banquetes opulentos.

Como ser um bom líder[1]

Os princípios aqui expostos são apresentados para Menêmaco, um jovem de Sardes, na Ásia Menor (Turquia moderna), que estava começando sua carreira política. Como lemos tanto neste ensaio como em "Deve um homem de idade participar da política?", Plutarco acreditava firmemente que a melhor maneira de aprender sobre a vida política era servir como aprendiz a um homem de experiência que estivesse interessado em guiar novatos e aumentar a confiança deles, ao mesmo tempo que os preservasse das duras realidades até que pudessem andar com as próprias pernas. Menêmaco, contudo, não tinha tempo para esse tipo de treinamento prático, então Plutarco concordou em escrever este ensaio como um livro-texto de liderança política. Em troca de observar líderes de verdade em ação, Plutarco aqui oferece diversos exemplos, tanto positivos quanto negativos, do passado grego e romano. Todos os seus exemplos vêm de uma época em que as cidades gregas eram Estados independentes e a República Romana ainda não tinha se tornado um império. Contudo, ao enfatizar princípios gerais, Plutarco tenta fazer as experiências dos líderes do passado relevantes para os políticos de sua época. Entre os tópicos que ele discute há integridade pessoal, a importância de amizades, como melhor persuadir seus cidadãos, como não provocar seus superiores, os perigos inerentes a rivalidades e invejas. A lição geral do ensaio é que o controle bem-sucedido de assuntos públicos requisita respeito pelas instituições do Estado, cooperação entre políticos e a subordinação de sua própria ambição ao bem público.

Plutarco tinha muito a dizer e muitos exemplos para escolher. Eu escolhi passagens do ensaio completo que se conectam a temas nos outros ensaios desta coleção e que são mais relevantes para a vida política em uma democracia moderna ou grande organização. Organizei os vários tópicos em seções temáticas separadas para deixá-los mais fáceis de identificar, embora os cabeçalhos não apareçam no original.

Se é certo em qualquer situação Menêmaco citar os versos "Ninguém há de censurar sua palavra entre os aqueus,/ Nem o contradirá, embora você não tenha a última palavra",² também é certo dizer aos filósofos que exortam, mas nada ensinam ou ofecerem. De fato, são semelhantes aos que ajustam o pavio da lâmpada, mas não vertem óleo. Portanto, vejo você lançando mão de uma forma digna de sua nobreza para "ser enunciador de discursos e fazedor de obras".³ Porém, visto que você não tem tempo para aprender com um homem de vida filosófica em meio a atividades políticas e em disputas públicas, nem para se tornar espectador de exemplos que estão sendo praticados de fato e não apenas pela palavra, e como você me pediu conselhos políticos, embora eu não considere a negação conveniente para mim, espero que a obra seja digna do seu esforço e da minha vontade. Eu fiz uso dos exemplos mais variados, como você me pediu.

A verdadeira motivação para uma carreira política

Primeiramente, então, a escolha pela vida política deve estar colocada como uma base segura e forte, tendo princípio, julgamento e razão, e não ser instável por causa de uma reputação vazia, ou por rivalidade com alguém, ou pela impossibilidade de ter outras atividades. De fato, como naqueles que não têm nada útil em casa e passam a maior parte do tempo na ágora, mesmo que não precisem, da mesma maneira algumas pessoas, por não terem nada digno de realização em questões particulares, lançam-se para os assuntos públicos, valendo-se da vida política como passatempo. Muitos chegam casualmente às questões comuns, locupletam-se e não são capazes de abandonar facilmente a posição, sofrendo do mesmo que aqueles que embarcam em um navio por diversão e em seguida são levados para o mar aberto. Depois de sair, eles se veem navegando e perturbados, tendo a necessidade de permanecer e valer-se das seguintes palavras: "Por cima da alva maré os amantes belos passaram por eles pela insolência divina do navio que singra o mar."[4]

Esses, sobretudo, criticam a atividade pelo arrependimento e pelo remorso, quando esperavam uma fama e caíram em esquecimento ou tinham a expectativa de parecer terríveis para outros por causa do poder e são levados a ações perigosas e perturbadoras.

Mas aquele que começa a atividade política racionalmente como uma ação mais conveniente para si e bela por decisão própria não se assombra com nada disso e tampouco muda de julgamento. Pois os assuntos públicos não devem ser empreendidos como trabalho ou por emprego, como as pessoas do círculo de Estrátocles e Dromóclides chamavam uns aos outros para a "colheita dourada", nomeando assim de brincadeira o palanque.[5] E nem como se fossem arrebatados imediatamente pela paixão, como Caio Graco, que logo depois das desgraças de seu irmão colocou sua vida o mais distante dos assuntos públicos, mas, inflamado com ira em seguida pela insolência de algumas pessoas, entrou na vida política e rapidamente se encheu de atividades e fama. Buscava parar e pedia uma mudança e calma, mas não encontrou como levar a cabo seu poder por causa do tamanho que atingira, e acabou morrendo antes disso.[6] Já aqueles que se arranjam como atores no palco diante da disputa ou da fama, é forçoso que se arrependam, por servirem a quem julgavam governar ou por irritarem aqueles que queriam agradar. Mas, penso, caídos sem querer no assunto público como se fosse em um poço, de modo semelhante se perturbam e se arrependem; já aqueles que descem propositalmente e com um plano com calma. se valem das atividades de forma moderada e em nada se perturbam, porque têm como fim a beleza da atividade[7] e nada além disso.

O caráter dos cidadãos e dos líderes

Depois de decidir se dedicar de maneira firme e inflexível à política, o político precisa compreender o caráter dos cidadãos, que se mostra como uma mistura de todos os caracteres individuais e tem força. Por um lado, tentar plasmar e ajustar a natureza do povo de uma vez não é fácil nem seguro, pois necessita de muito tempo e de uma grande capacidade. Por outro, como o vinho no começo é dominado pela personalidade de quem bebe e depois calmamente aquece, se imiscui no corpo, molda o caráter de quem bebe e o transforma, assim, o homem político, até adquirir força convincente pela fama e confiança, deve estar ajustado ao caráter dos cidadãos e adivinhá-lo, sabendo com que o povo se agrada e pelo que ele se move naturalmente. O povo ateniense, por exemplo, é facilmente motivável para a raiva, é facilmente modificado para a piedade, mas prefere fazer rápidas conjecturas do que ser ensinado com calma sobre os fatos. É mais disposto a socorrer os homens mais obscuros e simples, assim como acolhem e preferem as palavras mais brincalhonas e ridículas; agradam-se sobretudo com os elogios e importunam-se minimamente com censuras. É terrível com os governantes, mas benevolente com os inimigos.

Outro é o caráter do povo cartaginês: amargo, triste, obediente aos governantes, duro com os súditos, o mais vil sob medo, o mais selvagem em ira, constante naquilo que conhece, duro e mal-humorado com brincadeiras e gracejos. Caso Cléon lhes pedisse para postergar a assembleia, depois de ter sacrificado e se aprontado para receber hóspedes, eles não ririam, bateriam palmas e se levantariam; também não ririam se Alcibíades deixasse escapar uma codorna de suas vestes enquanto falava; eles teriam o zelo de caçar e devolver-lhe a codorna.[8] Mas teriam matado os dois governantes por serem insolentes e extravagantes. Veja como expulsaram até Hanão por ter utilizado um leão como besta de carga na expedição militar, acusando-o de ter anseios tirânicos. Quanto a mim, julgo que os tebanos não se teriam mantido distantes das cartas dos inimigos ao se assenhorarem delas, como os atenienses fizeram ao se apoderarem do correio de Filipe, que trazia uma missiva escrita para

Olímpia, não abrindo nem revelando o segredo de um homem estrangeiro a uma mulher sensata. Tampouco, para permanecer com os atenienses, teriam aceitado a soberba e o caráter do homem, quando Epaminondas não desejava se defender da acusação, mas se levantou do teatro e partiu para o ginásio através da assembleia.[9] Faltaria muito para os espartanos suportarem a insolência e a falastronice de Estrátocles caso ele os tivesse tentado convencer a fazer um sacrifício pelas boas novas como se tivessem vencido, mas quando se irritaram, tão logo a derrota foi verdadeiramente anunciada, ele perguntou ao povo em que havia errado, se três dias haviam festejado por causa dele. Os bajuladores áulicos, como caçadores de aves, imitam o discurso e agem como os reis, insinuando-se e esmagando-os em uma farsa. Porém, não convém ao homem político imitar o caráter do povo, mas sim conhecer e fazer uso de cada modo, daquilo que com ele se pode alcançar. De fato, o desconhecimento dos modos leva a falhas e quedas não menores na vida civil do que nas amizades com os reis.

Quanto ao caráter dos cidadãos, é necessário dominá-lo e, ganhando sua confiança, tentar ajustá-lo calmamente, levando para uma situação melhor e modificando-o suavemente. Com efeito, a transformação da maioria é uma tarefa trabalhosa. Você também, como vai viver o restante de sua vida circulando pelo teatro, exercite e adorne seus modos, se não for fácil remover completamente os vícios da alma, remova e impeça aquilo que mais aflora e ressalta dos seus erros. Pois você já ouviu que também Temístocles, quando pensava em dar início à vida pública, afastou-se da bebida e dos festejos, fazendo vigílias, ficando sóbrio e cuidadoso, e dizia aos seus colegas que o troféu de Miltíades não o deixava dormir.[10] Também Péricles modificou-se, em questões corporais e de regime, para andar calmamente, conversar mansamente, sempre mostrar um olhar sério, mantendo a mão dentro das vestes e seguindo um único caminho para o palanque da assembleia e ao conselho. De fato, a multidão não é fácil de ser manipulada nem aprisionada por uma pessoa qualquer, mas seria bom se ela aceitasse o controle e não se afugentasse, como uma fera arisca e contrariada, ao ver você ou ouvir sua voz.

Então os políticos, que devem dar atenção a esses assuntos, vão negligenciar as condições de sua vida e caráter, não se importando com críticas e censuras? Pois os cidadãos não lhes arrogam a responsabilidade somente pelo que dizem e agem, mas também bisbilhotam os jantares deles, o leito, o casamento, as crianças e tudo o que fazem. Afinal, o que se deve dizer sobre Alcibíades, que, sendo o mais ativo nas questões comuns e um general invicto, perdeu-se pela intemperança de modo de vida e pela ousadia, e não tirou proveito para a cidade de suas outras qualidades por causa do luxo e da intemperança? Também acusaram Címon pelo vinho; os romanos, sem nada mais ter para dizer, criticaram Cipião pelo sono; os inimigos insultavam Pompeu Magno observando-o a coçar a cabeça com um dedo.[11] Pois como uma verruga e uma mancha no rosto incomodam mais do que marcas, atrofias ou feridas no resto do corpo, assim as falhas pequenas parecem grandes em vidas de guias e políticos por causa da opinião que a maioria tem no caso do governo e da república, de que é uma questão grande e digna de estar limpa de toda impropriedade e erro. Lívio Druso, o tribuno, certamente obteve boa reputação, porque, como sua casa tivesse muitas partes visíveis aos vizinhos e certo operário prometesse reverter e mudar a situação desses cômodos apenas por cinco talentos de prata,[12] disse: "Receba dez, mas deixe toda a casa transparente, para que todos os cidadãos vejam como eu vivo." De fato, era um homem sensato e moderado. Talvez nem houvesse necessidade de tal transparência, pois a maioria é capaz de ver até os caracteres, decisões, atividades e vidas que parecem estar muito profundamente ocultas dos cidadãos. Um gostando e se admirando, outro se irritando e desprezando não menos as atividades privadas do que as públicas.

"E daí? As cidades também não se valem daqueles que vivem de modo imoral e cheio de luxúria?" É verdade, frequentemente as grávidas desejam pedras, os nauseados procuram salmouras e comidas picantes, mas pouco tempo depois as cospem fora ou rejeitam. Assim também o povo, por causa do luxo, da insolência ou pela falta de governantes melhores, faz uso dos políticos disponíveis, mesmo achando-os repugnantes e desprezíveis, mas logo se alegram ao ouvir coisas como as ditas pelo personagem "O Povo" do comediante Platão: "Pega, pega o mais rápido possível a minha mão! Eu vou instaurar Agírrio como general."

E, novamente, quando "O Povo" pede bacia e uma pena para vomitar, diz: "Mântias se apresenta para falar" e "apascenta o desagradável Céfalo, a pior doença". Já o povo romano, quando Carbão prometia algo e fazia um juramento e uma promessa, recebia de volta um juramento de não acreditar. Na Lacedemônia, quando um homem corrupto dava uma opinião adequada, o povo rejeitava, os éforos escolhiam um dos anciãos e ordenavam-no a dizer o mesmo argumento, como se tivessem vertido de um vaso sujo a um vaso limpo, para que se tornasse aceitável para a maioria. Assim sendo, tão grande influência a confiança e a desconfiança no caráter têm em uma comunidade política.

O poder do discurso

Contudo, não se deve descuidar por isso da graça e da capacidade de falar, depositando tudo na virtude. Mas, ao considerar a retórica não como a criadora, mas como cooperadora do convencimento, podemos corrigir o dito de Menandro: "É o caráter do falante que convence, não o discurso em si." Na verdade, é *tanto* o caráter *quanto* o discurso, senão, por Zeus, alguém pode dizer que é o piloto que dirige o navio, e não o leme, que é o cavaleiro que vira o cavalo, e não as rédeas; do mesmo modo, é a virtude política que convence a cidade, não a palavra, fazendo-se uso do caráter apenas como leme e rédeas. É por meio dele que se lida e dirige a cidade, como da popa um animal mansíssimo, como diz Platão. Pois aqueles grandes reis gerados por Zeus, como Homero diz, mesmo com vestes purpúreas, cetros, lanceiros, oráculos de deuses e, achando-se superiores, submetendo a multidão através da pompa, mesmo eles queriam ser "pronunciadores de palavras"[13] e não se descuidaram da graça na fala, "nem das ágoras, onde os homens distintos estão", tampouco ansiavam somente por Zeus Conselheiro, Ares Eniálio e Atena patrona do Exército, mas também invocavam Calíope, "que segue os reis venerandos"[14], que amansa por meio do convencimento e encanta a teimosia e a violência do povo. De outra forma, como seria possível um homem particular com uma roupa e um aspecto comuns querer governar uma cidade, controlar e dominar a maioria, se não tiver uma palavra que convença ao mesmo tempo que controle? Enquanto as pessoas que dirigem os navios fazem uso de outros como contramestres, o homem político necessita ter em si a mente que dirige e a palavra que incita, para que não careça de outra voz e para que também não diga como Ifícrates, derrotado no discurso retórico pelas palavras de Aristofonte: "O ator do opositor é melhor, mas a minha peça é melhor." E tampouco careça daquelas palavras de Eurípides: "Quem dera a raça dos homens infelizes não tivesse voz." E também: "É uma pena que as ações humanas não falem por si! Se falassem, os sábios do discurso equivaleriam a nada."

Por isso, a comunidade política na época de Péricles era, como diz Tucídides, na ideia, uma democracia, mas na prática era o governo do homem principal por meio da força da palavra.¹⁵ Quando Címon era grande, junto com Efialtes e Tucídides,¹⁶ este, perguntado por Arquidamo, o rei dos espartanos, sobre quem lutava melhor, se ele ou Péricles, disse: "Ninguém saberia, pois, quando eu o derrubo na luta, ele faz um discurso afirmando não ter caído, vence e convence os espectadores." Isso não trouxe apenas fama para Péricles, mas também salvação para a cidade, que, convencida por ele, preservou sua prosperidade presente e se livrou de problemas no exterior. Em contraste, Nícias, embora tivesse seu plano particular, não tinha tal poder de convencimento e, tentando mudar a direção do povo, fazia uso da palavra como um freio embotado e não prevaleceu e nem dominou, mas foi levado à força para a Sicília e caiu do cavalo.¹⁷ Dizem que não se controla o lobo pelos ouvidos, mas é justamente pelos ouvidos que se busca controlar o povo. Inábeis no discurso, alguns procuram meios deselegantes e pouco sofisticados para ter acesso ao povo. Por meio de festas, arrastam a multidão pelo estômago, fazem doações que o povo guarda na carteira, arranjam danças pírricas ou espetáculos de gladiadores. Por esses meios, conduzem o povo ou cortejam a massa. De fato, a verdadeira liderança é sobretudo daqueles que convencem pela palavra, mas tais domesticações da multidão em nada se diferem da caça e do pastoreio de animais irracionais.

É necessário que quem deseja a disputa da cidade emita, com toda a força e não moderadamente, seu discurso com a habilidade da voz e a respiração vigorosa, para que nenhum "gavião berrante, que tem uma voz do Cicloboro",[18] canse-o ou extinga sua voz. Catão, o Jovem, mesmo, a respeito daquilo que não esperava convencer por já terem controlado o povo ou o Senado com presentes ou esforços, levantava-se e falava o dia inteiro, e assim frustrava a oportunidade de voto. Mas a respeito da preparação e do uso da palavra, isso é suficiente para quem puder encontrar a sequência.

Entrando na arena

Existem dois caminhos para a vida pública: um é rápido, brilhante e não sem perigos em direção à glória; o outro é mais plano, lento, mas mais seguro. Uns partem logo, como de um cabo de mar, de uma ação visível e grande e corajosa, lançam-se para a vida pública, considerando que Píndaro disse corretamente: "No começo de uma ação é necessário dispor a face visível de longe."[19] De fato, a multidão acolhe melhor os novos políticos por estar farta dos conhecidos, assim como os espectadores recebem melhor novos atores numa peça. Além disso, cargos e poderes que se acumulam rápida e espetacularmente afastam a inveja. Afinal, Aristão diz que nem o fogo produz a fumaça e nem a glória a inveja, se brilha imediata e rapidamente, mas quando se avança pouco a pouco, lentamente avançam contra ela de todos os lados. Por isso, muitos, antes de florescerem no palanque do discurso, já apodrecerem. Por seu turno, como falam sobre Ladas, "o barulho nos ouvidos era o tiro de largada", então quando pessoas são coroadas por servirem em embaixadas, comemorando um triunfo ou por atuarem brilhantemente como generais, não prevalecem os que têm inveja ou desprezo. Assim, Arato alcançou a fama depois de fazer da destituição do tirano Nicocles seu primeiro ato político. E assim como o primeiro ato de Alcibíades foi conseguir a aliança com a Mantineia contra os lacedemônios. Pompeu queria ser aclamado e tratado com solenidade antes de ter chegado ao Senado. Com a não permissão de Sila, ele disse: "Mais pessoas se ajoelham ao sol quando ele se levanta do que quando ele se põe." Ao ouvir isso, Sila cedeu. O povo romano também, de forma ilegal, designou Cipião Cornélio como cônsul quando ele concorria a edil, não como resultado de alguma estratégia política, mas pela admiração por ele, ainda sendo um adolescente, ter vencido o duelo na Ibéria, pouco depois alcançando os feitos militares contra Cartago, a respeito dos quais até Catão, o Velho, disse: "Somente ele é sensato, os outros correm como sombras."[20]

Portanto, agora, quando as questões das cidades não versam sobre a liderança em guerras, dissolução de tiranias nem atividades de alianças militares, que princípio de governo brilhante e evidente uma pessoa poderia obter? Restam os casos públicos e as embaixadas ao imperador, que requerem um homem de ardor e que tenha, ao mesmo tempo, coragem e senso. Há muita coisa a ser retomada, inclusive de boas atividades negligenciadas nas cidades, e a ser modificada para voltar à situação original, inclusive daquilo que se perdeu por causa de um caráter vil, produzindo vergonha ou prejuízo para a cidade. Considere que um grande caso bem julgado, a confiança na acusação contra um réu forte em favor de alguém fraco e a franqueza de fala diante de um governante perverso em favor da justiça deram a algumas pessoas um começo de vida pública glorioso.

Porém, o caminho seguro e lento foi escolhido por muitos dos homens gloriosos: Aristides, Fócion, Pamenes, o tebano; Lúculo em Roma, Catão; Agesilau, o lacedemônio. Com efeito, cada um deles cresceu como a hera se enrola nas árvores vigorosas, convivendo com um homem mais velho e famoso, quando ainda era jovem e desconhecido, elevando-se pouco a pouco por meio da força de seu colega e, depois de crescer, se fixou e se enraizou na vida pública. Com efeito, Clístenes elevou Aristides; Cábrias, Fócion; Silas, Lúculo; Máximo, Catão, o Velho; Epaminondas, Pamenes; e Lisandro, Agesilau, porém, este, por causa de uma ambição despropositada e como ciúme da boa reputação de Lisandro, cometeu uma injustiça e rapidamente afastou aquele que o introduzira na vida pública. Os outros, contudo, zelaram generosa e politicamente, e até o fim adornaram em conjunto; como os corpos que se colocam diante do sol, elevaram e trouxeram glória à pessoa que os fez brilhar. Portanto, aqueles que menosprezam Cipião afirmam que ele apenas representava as ações, mas o autor mesmo era seu colega Lélio. Já este não se orgulhou com as falas de nenhum desses e sempre continuou zeloso ao lado da virtude e da fama de Cipião. Afrânio, que era amigo de Pompeu, mesmo que fosse muito humilde, tinha, contudo, a expectativa de ser escolhido como cônsul em um momento em que Pompeu apoiava outras pessoas. Afrânio renunciou a ambição, alegando que não seria uma grande glória chegar ao consulado, mas antes uma ação ímpia e odiosa, se Pompeu não quisesse nem agisse em seu favor. Então, depois de aguentar um ano inteiro, não somente alcançou o comando como preservou a amizade.[21] Acontece àqueles que foram assim conduzidos por outros para a fama de serem agraciados com muito e, mesmo que algo de ruim ocorra, são menos odiados; por isso, Filipe aconselhou a Alexandre fazer amigos enquanto fosse possível, enquanto outra pessoa reinava, conversando agradavelmente e sendo sensato.

É preciso que quem se inicie na vida pública escolha um guia, não simplesmente por ser famoso e poderoso, mas também que assim o seja por causa da virtude. Assim como não é toda árvore que pode fazer brotar e dar a vinha, pois há aspectos que embotam e fazem perecer seu crescimento, também nas cidades aqueles que não são amantes da beleza,[22] mas somente ambiciosos e ansiosos pelo poder, não criam para os jovens oportunidades de ações, mas recolhem para si a fama como alimento, oprimem os jovens por causa da inveja e provocam o apodrecimento do fruto. Assim Mário, enquanto realizava muito na Líbia e na Galácia através de Silas, parou de se valer de seu auxílio, irritado com seu crescimento. Usando um selo como pretexto, afastou-o. De fato Sila, quando era questor na Líbia sob o generalato de Mário, foi enviado por ele a Boco e trouxe Jugurta como prisioneiro. Como era um jovem ambicioso, tão logo provara da fama, não lidou com o sucesso com moderação e moldou a imagem de seu feito em um selo que mostrava Jugurta entregue a ele. Condenando-o por isso, Mário o afastou. Ele, então, trocou de facção e se aliou a Catulo e Metelo — homens de valor e adversários de Mário —, e rapidamente exilou Mário e deu fim à guerra civil, que por pouco não destruiu a própria Roma. Por seu turno, Sila fortaleceu Pompeu em sua juventude, elevando-o, desvelando-lhe a cabeça quando ele chegava,[23] ao mesmo tempo que dava oportunidades aos outros jovens para eles praticarem ações de governança. A alguns incitava sem que eles quisessem e encheu os exércitos de ambição e emulação, governou a todos querendo ser não o único, mas o primeiro e maior entre muitos e grandes. Portanto, é necessário ater-se a homens assim e crescer com eles para que não seja levado como a carriça de Esopo, que é levada sobre os ombros da águia e subitamente sai voando e chega antes,[24] não assomando a fama deles, mas sim recebendo a fama deles com benevolência e amizade, pois não governa bem aqueles que antes não são capazes de servir corretamente, como diz Platão.[25]

Amizades políticas

Segue-se a isso a escolha de amigos, que não celebra o plano nem de Temístocles, nem de Cléon. De fato, Cléon, quando decidiu pela primeira vez tomar parte na vida pública, ajuntou os amigos no mesmo lugar e encerrou a amizade com eles, porque muitas vezes ela amolece e afasta a correta e justa escolha na cidade. Mas ele teria feito melhor se tivesse expulsado a ganância e a ambição da sua alma e limpado a si mesmo da inveja e da malevolência. Afinal, as cidades não carecem de homens sem amigos e colegas, mas sim de homens honestos e sensatos. Mas agora expulsou os amigos "e cem cabeças de aduladores lastimosos lambiam os beiços" ao seu redor — como dizem os poetas cômicos[26] — e sendo ríspido e pesado com os homens nobres, submeteu-se à multidão para agradá-la, "conduzindo os anciãos e dando-lhes um salário", associando-se sobretudo ao que há de pior e mais doentio no povo contra os melhores. Por seu lado, Temístocles respondeu a quem lhe dissera que ele governará bem ao se entregar por igual a todos: "Jamais eu sentaria em um trono no qual os amigos não terão mais de mim do que os que não são amigos." Também ele não ligou corretamente a vida pública à amizade ao imiscuir assuntos comuns e públicos com seus próprios favores e preocupações. Contudo, ele disse para Simônides, que lhe pedia um favor ilegal: "Não é nobre um poeta se cantar uma nota fora da melodia, e tampouco um governante é bom se ele fizer favores fora da lei."

Se um piloto escolhe marinheiros e um capitão um piloto "que saiba como funciona o leme na popa e estenda bem a vela-mestra quando o vento impele", e se um arquiteto escolhe auxiliares e artesãos que não destruam sua obra, mas trabalhem o melhor possível em conjunto, seria verdadeiramente terrível e odioso, de fato, se o homem público que seja um verdadeiro e excelente mestre (como diz

Píndaro), criador de prosperidade e justiça, não escolhesse imediatamente amigos que tenham os mesmos sentimentos, auxiliares que sejam igualmente entusiasmados para o que é belo, mas sim escolhesse outro tipo de pessoas que o dobrem para outra utilidade de modo injusto e violento. Em nada será visto como diferente de um construtor ou arquiteto que faz uso de inexperiência e erro nos esquadros, nas réguas e nos níveis, por meio dos quais a obra vai ser destruída. Com efeito, os amigos são instrumentos vivos e pensantes dos homens públicos e não se deve cair com eles quando eles se excedem, mas prestar atenção para que não errem por ignorância. De fato, isso envergonhou e condenou até mesmo Sólon junto aos cidadãos, pois, na adoção da *sisactia* (uma espécie de alívio das dívidas), comunicou o que faria aos amigos, e estes realizaram a obra mais injusta, pois se adiantaram, tomaram emprestado muito dinheiro e, pouco tempo depois, quando foi revelado, ficou evidente que compraram casas brilhantes e muita terra a partir do dinheiro que tomaram de empréstimo. E Sólon teve a culpa de ser cúmplice em seu crime.

Cooperação entre políticos e cidadãos

Uma vez que é forçoso que "toda cotovia tenha um penacho", conforme diz Simônides, e toda comunidade política tenha algum tipo de ódio e dissensão, convém ao político não desconsiderar esse assunto. A maioria das pessoas celebra Temístocles e Aristides por terem confinado o ódio aos limites da cidade. Eles suspendiam a hostilidade toda vez que saíam em uma expedição militar e a reacendiam ao retornarem. A alguns agrada sobremaneira o feito de Cretinas de Magneto. Pois, durante a guerra de Mitrídates, quando era adversário político de Hermias, um homem sem poder, mas ambicioso e brilhante, vendo a cidade em perigo ordenou a esse Hermias que assumisse o governo e governasse, e se afastou. Pois se aquele quiser ser general, ele sairia do caminho, para que não destruíssem a cidade pela rivalidade mútua. Hermias gostou do chamado, mas, alegando que Cretinas era mais apropriado à situação de guerra do que ele, exilou-se com os filhos e a esposa. Cretinas despediu-se dele, dando dinheiro de seu próprio bolso, porque seria mais útil para exilados do que para pessoas sitiadas. E gerindo o melhor possível a cidade, que pouco faltava para ser destruída, conseguiu salvá-la, ao contrário das expectativas. Pois se é nobre e digno de um grande pensamento declarar: "amo meus filhos, mas amo ainda mais minha pátria", não seria muito mais fácil para cada um dos dois dizer: "odeio fulano e quero fazer-lhe mal, mas amo ainda mais minha pátria"? Pois não querer fazer as pazes com um inimigo, por motivos que se necessita até fazer dele um amigo, é terrivelmente selvagem e arisco. Contudo, não é melhor aqueles sequazes de Fócion e Catão,[27] que não depositavam nenhum ódio com relação às diferenças políticas e eram terríveis e irresistíveis somente nas disputas públicas para não abandonar a ação benéfica, mas nos encontros privados não tinham ira e comportavam-se de modo benevolente com aqueles que tinham diferenças na ágora pública.

Com efeito, não se deve considerar nenhum concidadão um inimigo, a não ser que alguém, como Aristíon, Nábis ou Catilina, produza uma doença e um abscesso na cidade.[28] Mas quanto aos outros que desafinarem, deve-se tensionar harmonicamente e controlar com mansidão até trazer a afinação de volta, para não atacar os que erram com ira e insolência, mas antes de modo mais educado como Homero: "Ó caro, eu disse que você era superior em senso do que os outros"[29] e também "você sabe conceber uma palavra melhor do que essa".[30] E se disserem ou fizerem algo de bom, não se deve ficar incomodado com as honras ou poupar palavras elogiosas pelos belos feitos, pois assim a censura terá valor quando for necessária e haveremos de criticá-los pela perversidade, fazendo aumentar a virtude, e mostraremos tais atividades como dignas e mais convenientes. Quanto a mim, acho justo que o homem político dê testemunho sobre as obras justas inclusive dos adversários e socorra-os quando estiverem sendo julgados por caluniadores e não acreditar nas calúnias, se forem alheias à sua decisão. Como aquele Nero, pouco antes de matar Trásea, com bastante ódio e temor dele, porém, quando alguém o censurava de ter feito um julgamento mau e injusto, dizia: "Eu queria que Trásea me amasse assim, porque ele é o melhor juiz."

Um líder deve fazer de tudo, mas não qualquer coisa

Algumas pessoas, como Catão, entram por completo e de uma vez na vida pública por julgarem que o bom cidadão não deve, à medida de suas capacidades, ficar afastado de nenhuma preocupação e cuidado. Elas celebram Epaminondas, porque, mesmo designado pelos tebanos por inveja e insolência como supervisor sanitário, não descurou do serviço, mas, alegando que não somente o cargo exalta o homem, mas também o homem o cargo, conduziu sua missão como grande e venerável distinção, ainda que o serviço se limitasse à retirada de fezes dos becos e de água das estradas. E eu forneço um motivo de riso aos visitantes das cidades, muitas vezes sendo visto publicamente cuidando de tais assuntos, mas me auxilia a seguinte lembrança de Antístenes: quando alguém observava se ele levava conservas pela ágora, ele dizia "é para mim".[31] Já eu tenho em resposta aos que me acusam quando eu supervisiono uma medição de telhas ou o transporte de pedras e cimento: "Não faço isso por mim, mas por minha cidade." De fato, a pessoa seria mesquinha e vil em muitas coisas se trabalhasse apenas para si e estivesse ocupado apenas com seus próprios assuntos. Mas ocupar-se com a vida pública pela cidade não é tarefa indigna, mas é maior o cuidado e a disposição por pequenos serviços. Outras pessoas, por seu turno, consideram mais magnífica e majestosa a atitude de Péricles, que até mesmo Critolau, o filósofo peripatético, celebrou: como as naus *Salamínia* e *Páralo* não são lançadas ao mar para qualquer atividade,[32] mas apenas para as necessárias e grandes, assim ele se prestava somente para as soberanas e maiores, como o rei do cosmos, segundo Eurípides: "O deus administra aquilo que é excessivo, mas quanto ao pequeno ele deixa à própria sorte."

Não estou de acordo com isso e tampouco celebro a excessiva ambição de Teágenes, que não somente tendo vencido quatro festivais atléticos[33] e muitas outras disputas, não somente no pancrácio,[34] mas também no boxe e até na corrida de longa distância, por fim, o banquetear, como de costume, na festa de certo herói, depois que uma parte da refeição foi servida a todos, ele imediatamente pulou e se colocou em posição de combate, como se nenhuma outra pessoa devesse sair vencedora quando ele estivesse presente. Por tal atitude, ele acumulou 1.200 coroas, a maioria das quais se deve considerar entulho. Portanto, aqueles que se despem para qualquer atividade política em nada se diferem dele,[35] mas rapidamente se tornam reprováveis e insuportáveis para a maioria. Quando têm sucesso, são odiosos; se falham, provocam alegria. Aquilo que provocou admiração neles no começo do cargo volta como sarcasmo e escárnio.

Não se deve afastar da benevolência e do cuidado de nenhuma atividade pública, mas dar atenção a todas e conhecer cada uma delas, nem, como uma âncora sagrada em um navio,[36] ficar distante esperando as necessidades e fortunas extremas da cidade, mas fazer como os pilotos, que em parte manejam com suas próprias mãos, mas em outra parte fazem uso de outros como instrumentos, assentados a distância, movimentado-os e virando-os; fazem uso de marinheiros, oficiais e contramestres; muitas vezes eles chamam alguns desses para a popa e entregam o leme. Assim, convém ao homem político permitir que outros governem e chamar para o palanque com gentileza e benevolência. Não se deve fazer uso de todos os meios na cidade — palavras, votos e ações —, mas se deve ter homens confiáveis e bons para arranjar cada um a cada necessidade à medida de suas capacidades naturais, como Péricles fez uso de Menipo para ações militares, através de Efialtes controlou o tribunal do Areópago, por meio de Carino controlou o voto contra Megara e enviou Lampão como o fundador de Túrios. Afinal, quando se é possível repartir o poder a muita gente, não somente o volume da inveja importuna menos, mas também se cumprem mais as necessidades. Pois que a repartição da mão em dedos não deixa seu uso fraco, mas sim artístico e instrumental; assim, a pessoa que entrega atividades a outros em uma cidade deixa a prática mais eficiente. Já aquela pessoa que se confia a cidade inteira por insaciabilidade de fama ou poder e atribui a si mesmo para aquilo que não tem talento ou estudo, como Cléon para o comando militar, Filopêmen para a expedição naval, Aníbal para o discurso público, não tem desculpas no erro, mas deve ouvir o verso de Eurípides: "Mesmo sendo carpinteiro, não realizaste uma obra de carpintaria." Ou se pode dizer também: "mesmo sendo pouco convincente no discurso, você foi embaixador", "mesmo sendo pródigo, administraste o tesouro", "mesmo sendo inexperiente em contas, você foi o administrador" ou "mesmo sendo velho e fraco, você foi general". Péricles compartilhou o poder com Címon, ele mesmo para governar na cidade e o outro para encher as naus no intuito de guerrear com os bárbaros, pois um tinha mais propensão para a vida política e o outro para a guerra.

Uma vez que a indisposição e a calúnia estão presentes em todo povo contra os homens públicos, suspeita-se que agem em conluio até mesmo no caso de muitas das ações benéficas se não tiverem uma rebelião ou contradição. E censura-se isso sobretudo das amizades e partidos. Contudo, não se deve deixar nenhum ódio ou dissensão verdadeira aos homens políticos persistir, como Onomademo, o demagogo de Quios, depois de vencer a rebelião não deixava que expulsassem todos os adversários, alegando "para que não comecemos a ter diferenças entre os amigos, completamente afastados que estivermos dos inimigos". Isso é um pouco simplório, mas quando a maioria começar a suspeitar de alguma importante decisão benéfica, não se deve permitir que todos os políticos venham dar sua opinião favorável, mas dois ou três dos seus amigos devem discordar com calma e em seguida deve fazê-los mudar de opinião como se os refutasse. Pois assim o povo segue arrastado junto, julgando ser levado para o lado mais proveitoso. Contudo, nos assuntos menores e que não conduzirem a nenhuma questão grandiosa, não é ruim permitir que haja dissensões verdadeiras entre os amigos, cada um fazendo uso de seu próprio pensamento, para que se vejam concordando para o melhor nos assuntos principais e maiores e não por uma constrição.

Naturalmente, então, o político deve sempre governar a cidade como a abelha rainha e, tendo isso em mente, deve administrar pessoalmente os assuntos públicos. Não se deve perseguir excessiva e agressivamente cargos que conferem poder e são conquistados em eleições, pois a ambição do poder não é algo conveniente ou popular; tampouco é bom recusar, quando o povo oferece e chama de modo legítimo, mas mesmo se forem mais baixas do que a fama, deve-se aceitar e ter ambição por esses postos. De fato, é algo bom que os cargos inferiores sejam adornados por aqueles que foram agraciados com os postos superiores — como o comando militar em Atenas, a pritania em Rodes ou e a liderança nas cidades aliadas de Beócia — para diminuir um pouco e conceder para os inferiores parte da honra dos cargos mais grandiosos, agindo de modo moderado, além de adicionar também certo volume, para que não sejamos nem desprezados por uns e tampouco tenhamos inveja por outros.

Saber seu lugar e seu poder

Ao assumir qualquer cargo público, não somente se devem deixar prontos aqueles pensamentos que Péricles lembrava a si mesmo ao assumir a veste do general: "Atenção, Péricles, você governa homens livres, governa gregos, cidadãos de Atenas!" E também dizer isso para si mesmo:

"Você governa sendo governado uma cidade designada a procônsules, procuradores de César, não aos lanceiros da planície,[37] essa cidade não é a antiga Sardis, tampouco este poderio é aquele dos lídios."[38] É preciso vestir a roupa mais conveniente, virar os olhos do acampamento militar para o palanque e não ter uma grande opinião e tampouco crer na coroa, ao ver as botas militares por cima da cabeça. É preciso, porém, imitar os atores, adicionando sentimento, caráter e dignidade próprios da disputa, ouvindo o ponto e não se desviando dos ritmos e dos metros do posto confiado pelos poderes dominantes.[39] De fato, o erro traz não vaias, assobios e escárnio, mas a muitos veio "a terrível punição do machado, cortador de pescoços", como no caso daqueles do círculo do nosso Pardalas, que se esqueceram de seus limites. Já outro, largado em uma ilha, tornou-se, nos dizeres de Sólon: "Folegândriano ou sicinetano, em lugar de ateniense, por ter trocado de pátria."

Com efeito, rimos das crianças pequenas, quando as vemos tentando calçar as botas dos pais ou colocando coroas de brincadeira, mas os governantes das cidades, quando ordenam insensatamente imitar as ações, posições e obras dos ancestrais, inadequadas que são à ocasião e situação presentes, podem até elevar a multidão, mas, ao realizarem ações ridículas, não sofrem o que é digno de escárnio, a menos que sejam muito desprezados. De fato, há muitas outras atividades dos antigos gregos a serem narradas com o fito de moldar o caráter e tornar sensatos os de hoje, como, em Atenas, sugerir não as ações militares, mas o voto da anistia aos trinta tiranos,[40] e a punição a Frínico por ter escrito uma tragédia sobre o saque de Mileto[41], e que, quando Cassandro reconstruiu Tebas, a população foi coroada.[42] Ao serem informados sobre a guerra de porretes ocorrida em Argos, na qual os argivos mataram cerca de 1.500 de seus concidadãos, os atenienses ordenaram uma procissão purificadora ao redor da assembleia. No caso de Hárpalo, investigaram as casas, exceto a de uma pessoa recém-casada.[43] Tais atividades é possível emular e fazer igual também hoje; já se deve deixar às escolas dos sofistas o caso de Maratona, rio Eurimedonte e Plateia e todos os exemplos que fazem o povo inchar-se e ser arrogante.

Além de garantir que você e a pátria não terão erros aos olhos dos governantes, você deve ter sempre como amigo um dos mais poderosos de cima, como um esteio para a cidade; de fato, os próprios romanos são bastante solícitos aos interesses dos amigos nas ocupações políticas. Deve-se produzir um bem para a felicidade pública ao colher o fruto da amizade com os líderes, como Políbio e Panécio foram bastante benéficos à pátria através da benevolência de Cipião. Considere o caso de Ário e César. Quando César tomou Alexandria, segurou Ário pela mão, falou sozinho com ele[44], saiu em procissão triunfal conjunta e depois disse aos moradores de Alexandria, quando esperavam o pior e faziam súplicas, que modificou a mente do governante por causa do tamanho da cidade, do fundador Alexandre e, "em terceiro lugar, como um favor ao meu amigo". Não é digno de se comparar essa graça às riquíssimas administrações e governos de províncias, que a maioria alcança ao bajular terceiros, acabando por negligenciar assuntos internos. Ou talvez devêssemos corrigir os versos de Eurípedes: se temos que fazer vigília, cortejar os outros em suas casas[45] e nos submeter às ordens de nossos líderes, é nobre que façamos isso em nome de nossa cidade, porém, em outros casos, devemos dar boas-vindas e nutrir amizades formadas na base da justiça e da igualdade.[46]

Contudo, ao fazer a cidade obediente aos poderosos, é preciso não se rebaixar e nem com as pernas atadas submeter também o pescoço, como alguns que, ao levarem aos governantes tanto os assuntos pequenos quanto os grandes, deixam sua condição de escravos explícita, ou antes acabam com a comunidade política por completo, deixando-a perplexa, temerosa e incapaz de tudo. Pois, como aquelas pessoas que não comem nem tomam banho sem consultar um médico e acabam não desfrutando do que a natureza lhes dá de graça, alguns políticos submetem ao crivo romano todo decreto, reunião de conselho ou ação administrativa. Ao fazer isso, compelem os governantes a se tornarem seus senhores, mesmo contra a vontade deles. A principal causa para isso é o nível de ambição e rivalidade dos chefes. De fato, atacam os cidadãos indefesos e os forçam a sair da cidade, por causa das diferenças que têm entre si, não aceitando ficar por baixo entre os cidadãos, e invocam os poderosos. Com isso, o conselho, o povo, os tribunais e todo o governo perdem a autoridade.

É necessário tratar os cidadãos comuns com igualdade e controlar os cidadãos poderosos com mansidão, fazendo concessões na esfera pública. Além disso, os líderes devem resolver as dificuldades aplicando-lhes um tratamento político como se tivessem terríveis doenças. Nas trocas de ideias políticas, os líderes devem preferir ceder do que vencer pela violência e pelo cancelamento dos direitos dos concidadãos, e devem pedir que os outros pensem da mesma forma, ensinando-lhes quão destrutiva é a rivalidade política. Mas agora, para que não cedam com honra e graça aos concidadãos, aos membros das tribos locais,[47] aos vizinhos ou aos colegas, os políticos devem entregar suas dissensões para as portas dos oradores e às mãos dos advogados, para seu próprio prejuízo e vergonha. De fato, quando não conseguem curar uma doença por completo, os médicos levam para fora, para a superfície do corpo, aquilo que não podem exterminar por completo. Já o homem político, se não pode preservar a cidade completamente sem problemas, vai tentar encobrir os elementos perturbadores e rebeldes de modo que se necessite o menos possível de médicos e remédios externos. De fato, a escolha deve ser do homem político, escolha essa que deve ter segurança e evitar a perturbação e a loucura da vanglória, como eu já disse. Entretanto, deve haver ousadia na disposição dos líderes, "e se formar uma força confiante e destemida, como quando se combatem hostis adversários em defesa da pátria",[48] em diferentes circunstâncias e tempos difíceis. De fato, é necessário que os homens públicos não causem tempestades, mas que também não abandonem suas cidades quando as tempestades as atingem. Não devem ser causa de instabilidade, mas quando suas cidades se tornarem instáveis e em perigo, devem vir socorrê-la, como se invocassem a "âncora sagrada" a partir da sua própria liberdade de fala junto aos poderosos.

Tratar os outros com respeito

É preciso honrar todo cargo público, tratando-o como algo sagrado e grande. Devemos honrar também cada titular de cargo, sabendo que a harmonia e amizade em relação aos colegas valem mais para um homem público do que coroas e mantos purpúreos. Aqueles que se dedicam a expedições militares e companhia em efebias[49] como o começo da amizade entendem a companhia no comando militar e político como a causa da dissensão e não estão a salvo de um de três males: ou consideram os colegas de governo como iguais ou invejam os superiores ou desprezam os inferiores e assim se rebelam. É preciso cortejar o superior, melhorar o inferior e honrar o semelhante. É preciso, além disso, acolher e amar a todos, como se tivessem se tornado amigos, não nos banquetes, após a bebida, ou em casa, mas sim pelo voto comum e público, mantendo uma benevolência patriótica em razão da cidade. Afinal, falou-se mal de Cipião Emiliano em Roma por receber amigos em casa em festa dedicada ao templo de Hércules e não chamar seu colega de ofício Múmio.[50] Com efeito, se em outros momentos não se consideravam amigos, nessa situação deviam honrar e agir em concordância por causa do cargo. Por isso, essa pequena demonstração de descortesia trouxe uma reputação de soberba a um homem admirável em todo o resto como Cipião. Por acaso, uma pessoa que rebaixasse a dignidade do colega, o impedisse em ações ambiciosas ou assumisse todas as responsabilidades em detrimento do outro pareceria um homem nobre ou medíocre? Eu me lembro, quando era ainda jovem, que fui enviado em missão na companhia de outra pessoa para o procônsul e, de algum modo, meu colega foi deixado de lado e eu me encontrei sozinho e terminei os trabalhos. Quando retornei à missão e me preparava para fazer um relatório, o pai levantou-se, me chamou em particular e me instruiu a não dizer "fui embora" mas sim "fomos embora"; não dizer "disse", mas sim "dissemos" e unir todo o resto dessa maneira e anunciar em conjunto. Pois não somente isso é nobre e cortês, mas também remove aquilo que estimula a inveja da glória alheia. Por isso, os grandes associam a uma divindade e à sorte seus sucessos, como Timoleão, aquele que encerrou a tirania na Sicília, dedicou um templo ao acaso. Também Píton, honrado e celebrado pelos atenienses na ocasião do assassinato de Cótis, disse "o deus fez isso, fazendo uso da minha mão". Teopompo, o rei dos lacedemônios, quando uma pessoa afirmava que Esparta era salva pela capacidade de liderança de seus reis, respondia dizendo que "não, era mais pela capacidade de obediência da população".

Mas quando é necessário que se realize algo grande, útil, e que envolva grande disputa e esforço, busque escolher os amigos mais poderosos ou, dos mais poderosos, os mais responsáveis. Pois esses são os que menos hão de resistir e mais cooperar, por terem o pensamento sem a rivalidade. Porém, é necessário ter conhecimento de sua própria natureza. Quando estiver diante de uma tarefa para a qual não é o mais capacitado para resolver, escolha os mais capazes em vez dos mais parecidos com você, como Diomedes escolheu o sensato para acompanhá-lo numa missão de espionagem, deixando de lado os mais corajosos.[51] Assim, as ações ficam mais equilibradas e não surgem disputas entre aqueles que têm virtudes e capacidades diferentes. Se você não for um orador eficiente, escolha alguém treinado em retórica para atuar com você num caso de justiça ou ser seu parceiro em uma missão, como Pelópidas fez com Epaminondas. Mesmo se você não for convincente nem elevado no discurso para a multidão, como Calícrates foi, escolha um parceiro que o seja; e se for fraco e débil de corpo, escolha alguém afeiçoado ao esforço e vigoroso, como Nícias fez com Lâmaco. Pois assim seria um emulador de Gerião, com muitas pernas, braços e olhos, se buscasse tudo em uma única alma.[52] Mas os homens públicos podem não apenas corpos e dinheiro, mas também fortunas, capacidades e virtudes, se estiverem de acordo, juntar tudo isso e obterem uma reputação maior por meio da mesma atividade do que sozinhos. Não como os argonautas que deixaram Hércules para trás e foram obrigados a recorrer a encantamentos e poções dos aposentos das mulheres para salvarem a si mesmos e roubarem o velocino.[53]

A recompensa da política

Ao entrarem em alguns templos as pessoas deixam fora o ouro, mas ninguém leva ferro, para dizer de modo simplório, a templo algum. Visto que o palanque é um templo comum do Zeus Conselheiro, do defensor da cidade, de Têmis e da Justiça, neste lugar deve-se deixar de lado e relegar aos mercados dos regateiros e aos banqueiros o amor pela riqueza e pelo dinheiro como um ferro cheio de veneno e uma doença da alma, "e ele mesmo se voltar para bem longe"[54], considerando que quem lucra a partir do erário público roubou de templos, de túmulos, de amigos, por traição, por falso testemunho, são conselheiros infiéis, autores de falsos juramentos, governantes perdulários, manchados por toda forma de injustiça. Por isso não se deve falar muito sobre essas pessoas.

A ambição, ainda que seja mais imponente do que a ganância, não traz menos prejuízos para a vida pública. Com efeito, a ousadia se associa mais a ela, pois é um elemento natural, não das disposições lentas ou simples, mas sobretudo das vigorosas e jovens. Além disso, o rumor das multidões frequentemente exalta essa ambição, impele com os elogios e deixa-a ingovernável e incontrolável. Platão dizia que os jovens deviam ouvir desde a infância que não é lícito se vestir de outro nem possuir ouro, quando se tem um ouro interior na própria alma, referindo-se, imagino, à virtude que é parte da natureza humana e com a qual se nasce.[55] Assim, devemos aplacar a ambição, dizendo para nós mesmos que temos ouro indestrutível, intocável e imaculado de inveja e censura, ao mesmo tempo elevado pelo pensamento e pela contemplação daquilo que realizamos e administramos na cidade. Por isso, não há a necessidade de se pintar, esculpir ou fundir honrarias, onde o elemento exaltante é alheio. Afinal, isso é louvado não para quem foi dedicado, mas sim por quem foi feito, como a estátua do tocador de clarim ou a do lançador de disco.[56] Já Catão, o Velho, quando Roma já estava repleta de estátuas, não deixou que se fizesse uma única de si e disse: "Prefiro que perguntem por que não tenho uma estátua do que por que tenho." De fato, tais obras de arte geram ciúmes, e a maioria considera que aqueles que não as recebem necessitam do favor, já aqueles que recebem consideram um fardo, como se pedissem ações em recompensa. Portanto, como aquele que parte em navegação para Sírtis[57] e em seguida naufraga não fez nada de admirável, da mesma forma aquele que guarda os fundos e o tesouro público e depois é pego na presidência ou no conselho, cai de uma escarpa elevada e, da mesma forma que o navio, afunda.[58]

Portanto, o melhor político não carece de nenhuma dessas honrarias e deve antes fugir delas do que pedi-las. Mas se não for fácil rejeitar algum presente do povo, que morre de vontade de dá-lo, como os que disputam o jogo da política consideram-no não uma disputa de dinheiro ou presentes, mas algo sagrado e verdadeiramente insigne, basta uma inscrição, um quadrinho, um voto ou um ramo,[59] como Epimênides recebeu depois de ter purificado a cidade da acrópole. Anaxágoras, ao deixar de lado as honras oferecidas, pediu que, no dia em que morresse, as crianças deixassem de brincar e de se ocupar dos ensinamentos. Afinal, não deve haver uma recompensa para a atividade, mas um sinal da honra, para que permaneça por muito tempo. Nenhuma das trezentas estátuas de Demétrio de Falero viu ferrugem ou mancha, mas todas foram removidas quando ele ainda estava vivo. Já as estátuas de Dêmades foram derretidas e transformadas em penicos. E muitas honrarias tiveram destinos semelhantes, odiadas não somente pela perversidade de quem recebeu, mas também pela grandiosidade de quem ofereceu. Por isso, a simplicidade é uma preservação mais bela e segura da honra, já as grandes, volumosas e que têm peso, como as estátuas sem simetria, rapidamente são derrubadas.

Deve um homem de idade participar da política?

Plutarco concebia um "homem de idade" como alguém de mais de cinquenta anos que passou de vinte a trinta anos a serviço do Estado. Ele afirma que também ele já era mais velho quando escreveu o ensaio e dedica a um Eufanes, que ele descreve como alguém da mesma idade e que teve uma carreira política semelhante em Atenas, em vez de Queroneia. O ensaio é dividido em duas partes. Na primeira, que nomeei "O valor do político mais velho", Plutarco lida com a questão de se um governante de idade deve se aposentar. Sua resposta é um inequívoco "não" e, ao responder, ele argumenta em favor do grande benefício que pode ser obtido de pessoas mais velhas. Elas trazem experiência, sabedoria, mentes equilibradas para fazer políticas públicas e, uma vez que já adquiriram suas reputações, não têm a ambição, a impetuosidade e os conflitos que motivam os jovens. Na segunda parte, chamada "O papel do político mais velho", Plutarco desenvolve com maior profundidade a imagem do ancião como mestre e mentor. O conselho que ele diz que a geração mais velha pode passar aos jovens é na verdade bem semelhante ao conselho que ele mesmo dá para o jovem Menêmaco em "Como ser um bom líder". Plutarco também explica que as habilidades e a experiência que os líderes mais velhos possuem não podem ser adquiridas de nenhum outro modo senão pela atividade política constante e continuada. Ademais, políticos dedicados entregam todos os aspectos e fases de suas vidas a serviço de suas cidades e do povo, trabalhando a seu favor mesmo quando não assumem um cargo.

Este ensaio tem muitas correspondências com o *Sobre a velhice*, de Cícero, que é construído como um diálogo entre Catão, o Velho, e dois homens mais jovens: Cipião Emiliano e Caio Lélio. Plutarco baseia-se nas experiências desses três políticos romanos ao dar seus argumentos neste ensaio. Parece que ele percebia que Catão em especial era um exemplo excelente de como líderes devem se portar na última fase de suas carreiras.

1. Eufanes, visto que você é um admirador de Píndaro, não ignoramos que muitas vezes tem em sua boca a seguinte e convincente fala: "Quando as disputas estão apresentadas, a desculpa lança a virtude para a mais profunda escuridão."[1] Uma vez que os receios e as fraquezas no que se refere às disputas políticas têm muitas desculpas, em último lugar, como "uma jogada sagrada",[2] elas apresentam-nos a velhice e, principalmente julgando que nesta fase da vida a ambição diminui e desagrada, convencem que há um conveniente encerramento não somente da carreira atlética, mas também da política. Julgo que se deve pensar aquilo que frequentemente digo a mim mesmo e conto para você sobre a atividade política da velhice: que ninguém abandone o longo caminho atravessado até agora em comum e tampouco rejeite a vida política como a um costumeiro amigo de infância e mude para outro que não conhece, para o qual não tem tempo para se tornar conhecido e familiar. Que permaneçamos naquilo que escolhemos no começo, considerando que o termo do viver e do bem viver é o mesmo.[3] A não ser que mostremos no breve tempo restante que a maior parte da vida foi gasta em vão com nada de bom.

A importância do político de idade

Com efeito, a tirania não é, como alguém disse a Dionísio, uma bela mortalha. Pelo contrário: para ele, uma monarquia com injustiça sem fim produziu uma desgraça ainda mais perfeita. E Diógenes, mais tarde, viu o filho de Dionísio na condição de cidadão comum em Corinto, depois de ter sido um tirano, e disse: "Quão indigna de sua estatura a vida que você leva, Dionísio, pois não cabia a você viver entre nós, livre e sem receios, mas sim passar a vida até a velhice encastelado no palácio, como o pai." Porém, quando um homem está acostumado a viver com proveito não somente quando é governado mas também quando governa, a política legal e o império da lei fornecem verdadeiramente como bela mortalha a fama na morte pelo que foi feito em vida. Por isso, "por fim desce à terra", como diz Simônides, exceto nos casos daqueles cujo elemento benévolo e honrado morre antecipadamente e o anseio pelo que é belo é revogado pelo desejo das necessidades físicas, como a alma tem suas partes práticas e divinas mais débeis do que a passionais e corporais,[4] o que não é bom nem dizer nem aceitar dos que dizem que ao obter lucro não nos cansamos. Mas também é preciso melhorar a fala de Tucídides, não somente considerando que "a ambição não envelhece",[5] mas menos ainda o elemento comunitário e político, que permanece nas formigas e nas abelhas até o fim. Com efeito, ninguém jamais viu uma abelha se tornar um zangão com a velhice, como alguns pensam que acontece com os políticos quando passam da juventude — que se sentam em casa afastados apenas se alimentando, como se vissem a virtude prática extinta por causa da inatividade, como um instrumento de ferro pela ferrugem. Catão mesmo dizia que não se devia atribuir voluntariamente a vergonha da perversidade à velhice, que já tem muitos males próprios. E a inatividade, a covardia e a debilidade moral não envergonham menos o homem ancião que diversos outros vícios, quando se afasta do governo político para aposentos de mulheres ou supervisiona a ceifa e a sega no campo: "Aonde foi parar Édipo e seus famosos enigmas?"[6] Governar uma cidade na velhice e não antes, como dizem que Epimênides ficou deitado na juventude e se levantou na velhice com 50 anos, em seguida deixou de lado a longa calmaria em que vivera e se lançou nas disputas e ocupações, sem estar acostumado e treinado e sem ter participado de atividades políticas nem convivido com homens públicos. Tal cenário permitiria algum crítico dizer o que disse Pítia: "Você chegou tarde" à busca pelo governo e pelo controle do povo, e fora da hora bateu à porta do generalato, como um convidado despreparado chegado a uma festa à noite ou um estrangeiro que trocou não de lugar, nem de país, mas de vida, por algo em que não tem experiência. A fala de Simônides "a cidade ensina o homem" é verdadeira no caso daqueles que ainda têm tempo de aprender e dominar um ensinamento novo, tendo se esforçado bastante através de muitas disputas e atividades; porém somente se se aproximar no momento de uma natureza capaz de suportar o esforço e os desgostos com facilidade.[7] Tais palavras não vão parecer boas para quem começa a vida pública na velhice.

2. Contudo, o que vemos é o oposto, isto é, os jovens e adolescentes impedidos pelos que têm senso de realizar as atividades políticas; e as leis testemunham através do arauto

nas assembleias ao fazerem levantar não os Alcibíades ou os Píteas para o palanque,[8] mas aqueles que têm acima de cinquenta anos, conclamando-os a discursar e aconselhar. De fato, a inexperiência da ousadia e a carência de sofrimento não chamam tal tipo de pessoa para a vitória contra os opositores. Por exemplo, Catão, sendo réu aos oitenta anos, disse que era difícil ser um homem bem vivido e se defender diante de outras pessoas. Todos concordam que as ações políticas do César que derrotou Antônio[9] tornaram-se mais afins a um rei e úteis ao povo quando foi se aproximando de sua morte. Ele mesmo, quando os jovens começaram a se agitar, impôs-lhes sensatez através de costumes e leis e disse: "Ouçam, jovens, um ancião a quem, quando jovem, os anciãos ouviam." A liderança de Péricles teve o maior poder na velhice, quando convenceu os atenienses a partir em guerra.[10] E quando estavam dispostos a lutar em um momento inoportuno contra sessenta mil hoplitas, levantou-se e impediu, selando não somente as armas do povo, mas também as chaves dos portões. Contudo, aquilo que Xenofonte escreveu sobre Agesilau é digno de se apresentar com as próprias palavras: "Sua velhice não parecia superior a qualquer juventude? Pois quem no vigor da idade era tão temível aos inimigos quanto Agesilau na mais longeva idade? Os inimigos alegraram-se mais com o desaparecimento de quem se não de Agesilau, ainda que tenha morrido ancião? Quem forneceu coragem aos aliados se não Agesilau, ainda que já estivesse no fim da vida? De que jovem os amigos mais sentiram falta se não de Agesilau, morto velho?"[11]

3. Portanto, a idade avançada não impediu esses líderes de ter tais sucessos. Quanto a nós, que agora nos regozijamos na vida pública sem enfrentar tirania, guerra ou cerco, vamos temer encontros pacíficos, ambições na maioria realizadas com a justiça, na lei e na razão? Assim fazendo, concordamos que somos piores não somente do que os generais e líderes populares de então, mas também do que poetas, sofistas e atores, se é verdade que Simônides venceu na velhice, como o epigrama mostra nas suas últimas palavras: "A glória seguiu Simônides pela direção do coro, aos 80 anos, filho de Leoprepes." Diz-se que Sófocles, ao se defender de uma acusação de demência, leu o párodo do Édipo em Colono, cujos primeiros versos são: "Estrangeiro, chegaste às mais poderosas casas desta terra de belos cavalos, a insigne Colono/ onde o doce rouxinol frequentemente vem gorjear nos bosques frondosos."[12] E soou um canto tão admirável que Sófocles saiu do tribunal como de um teatro, acompanhado de palmas e gritos dos presentes. E todos concordam que é de Sófocles o seguinte epigrama: "Sófocles escreveu um canto a Heródoto estando com 55 anos." A morte encontrou os autores cômicos Filêmon e Aleixo competindo e vencendo no teatro. Eratóstenes e Filócoro narram que Polo, o ator trágico, com 78 anos de idade encenou oito tragédias em quarenta dias, pouco antes da morte.

4. Mas não é odioso que os anciãos do palanque sejam vistos como menos nobres do que os do palco e se afastem de disputas verdadeiramente sagradas e deixem de lado a

máscara política, colocando não sei qual no lugar? Talvez a máscara simples dos trabalhos rurais depois de usar a de um rei.[13] Por isso, Demóstenes diz que a *Páralo*, que era um trirreme sagrado, teve um tratamento indigno quando Mídias a usou para transportar madeira, vigas e ração para animais;[14] mais ainda sofre um homem público ao deixar voluntariamente as disputas, os comandos de cidades da Beócia e a representação na Anfictionia e em seguida ser visto medindo farinha, bagaço de uva e lã de ovelhas. Esse homem não há de parecer a todos que leva o chamado "cavalo da velhice", sem que ninguém o obrigue? A prática do trabalho do artesão e do comerciante depois da vida política é semelhante a tirar a roupa de uma mulher livre e modesta, dar-lhe um avental e obrigá-la a trabalhar numa taverna. De fato, dessa maneira perde-se a dignidade e a estatura da virtude política, quando ela é levada para certo tipo de administração doméstica e trabalhos regateiros. E se, e é a única opção que resta, mencionarmos os luxos e faustos como recreios e diversões e convidarmos o homem político a envelhecer tranquilos apodrecendo nesses ambientes, não sei qual dessas duas odiosas imagens define melhor a vida desse homem. Talvez a dos marinheiros que abandonam seus navios a vela antes de alcançarem o porto e passam o resto de suas vidas em prazeres sexuais. Ou de alguns artistas que de brincadeira e incorretamente representam Héracles no palácio de Ônfale, vestindo roupa cor de açafrão e entregando-se às servas lídias para ser abanado e adornado. Assim dispamos do político a pele de leão, reclinemo-lo em um leito e entretenhamo-lo sempre com o som de liras e *aulos*,¹⁵ sem jamais demovê-lo com a fala de Pompeu Magno para Lúculo, quando ele, depois da vida militar e política, lançava-se diariamente a banhos, banquetes e festividades, muita agitação e construções extravagantes de casas. Lúculo acusava Pompeu também de excessivo amor pelo poder e ambição fora da idade. Em resposta, Pompeu disse que o luxo é mais fora de hora para um velho do que o poder. Mais tarde, quando o médico ordenou que Pompeu doente comesse um tordo, uma ave de difícil obtenção e fora de estação, alguém disse que havia muitos tordos sendo criados na propriedade de Lúculo, Pompeu não enviou nenhum mensageiro em busca da ave e disse: "Então, se Lúculo não vivesse no luxo, Pompeu não sobreviveria?"

5. De fato, se a natureza humana busca o prazer e a alegria de todos os meios, o corpo dos anciãos está cansado de todos os prazeres, exceto os absolutamente necessários, e não somente "Afrodite odeia os anciãos", como diz Eurípides, como também os idosos, lerdos e sem dentes em sua maioria, pois em relação aos desejos de bebida e comida são muito pouco seduzidos ou atraídos.¹⁶ Na alma, deve-se arranjar prazeres nobres e dignos de uma pessoa livre, como Simônides dizia contra os que o acusavam de ganância, porque, uma vez que ele estava afastado dos outros prazeres por causa da velhice, ele ainda era alimentado por um deles, o lucro. Mas a vida política tem prazeres mais belos e maiores, com os quais podemos agradar os deuses,

sendo as únicas ou, ao menos, as mais apropriadas para isso. E essas são as que permitem fazer o bem e realizar boas ações. De fato, se o pintor Nícias se alegrava tanto com os trabalhos da arte, a ponto de muitas vezes perguntar aos servos se havia tomado banho ou almoçado, quando Arquimedes estava absorvido em sua prancheta de trabalho, seus servos despiam-no e untavam-no, e ele continuava a desenhar seus esboços com o corpo untado de azeite.[17] O auletista Cano, que você conhece também, dizia que os homens não imaginam quanto ele se alegrava mais que os outros ao tocar seu aulo. De fato, as pessoas que quisessem ouvir deveriam receber dinheiro em vez de pagar. Ou não concebemos quantos prazeres são produzidos pelas virtudes para aqueles que se valem das belas atividades e das obras comuns, sem incomodar ou prejudicar, como os movimentos suaves e macios que ocorrem na carne? Mas umas possuem um incômodo aguilhoante, inseguro e misturado a um latejamento; já os prazeres das belas obras, daquelas cujo criador é o homem que age na vida pública corretamente, alçam a alma que acolhe a grandeza e a sensatez com alegria, de modo semelhante não às penas douradas de Eurípides, mas às asas celestes platônicas.[18]

6. Lembre-se dos exemplos que você conhece. Quando perguntaram a Epaminondas o que lhe ocorrera de mais agradável, ele respondeu que foi ter vencido a batalha de Leuctra quando seu pai e sua mãe ainda estavam vivos. Já Sila, quando livrou a Itália das guerras civis, tão logo entrou em Roma, não dormiu nem um pouco à noite, por

causa da alegria e do grande regozijo, como se a alma estivesse sendo alçada por um espírito. Ele faz uma descrição disso em seus *Comentários*.[19] Agora concedo que, como diz Xenofonte, um rumor não deve ser mais agradável do que o louvor, e uma visão, uma lembrança e um pensamento não dão tanta alegria quanto a contemplação das próprias ações no comando e na cidade em lugares visíveis e públicos. Além disso, um agradecimento benevolente que dá testemunho junto com as obras e o louvor que o acompanha são os condutores da justa benevolência e adicionam algo como uma luz ou um lustro a quem se regozija com a virtude. E é necessário não desprezar que, como os louros da vitória em uma competição esportiva tornam-se secos na velhice, é possível sempre adicionar algo que os renove e desperte o agradecimento pelas obras antigas, tornando mais forte e permanente nossa reputação. Nisso somos como os artesãos que, ao manter seguro o barco de Delos, inserindo outras tábuas no lugar das gastas, parecem deixá-lo íntegro e eterno desde os tempos passados.[20] Existe uma salvação e uma preservação tanto da fama quanto do fogo, que não é difícil, mas requer um pouco de combustível. E, uma vez apagado e frio, ninguém atearia fogo de volta a nada. Como Lâmpis, o armador, ao lhe perguntarem uma vez como adquirira a riqueza, disse: "Não foi difícil a maior parte, mas a primeira e menor parte exigiu muito tempo e trabalho." Assim não é fácil atingir a fama e a capacidade política no começo, mas, uma vez em que ela se torna grande, aumentá-la e preservá-la está ao alcance de qualquer um. Afinal, para fazer de alguém um amigo, se precisa de muitos e grandes serviços, mas, para que permaneça amigo, a continuidade mantém a afeição com pequenos sinais. A amizade e a confiança do povo não requerem sempre um patrono, guardião ou comando, mas continua com a própria disposição e ao não se acabar ou impedir o cuidado e a ocupação. Afinal, os exércitos sempre se ocupam de marchas, batalhas, sítios, mas também sacrifícios, e há momentos intermediários de convívios, que dão oportunidade a um grande tempo livre, gasto com brincadeiras e divertimentos. Por que, então, se deve temer a vida política como algo sem descanso, trabalhoso e pesado, quando em uma ocupação há também teatros, procissões, repartições de presentes, "Coros, Musa e Aglaia"[21] e sempre a honra de um deus põe fim às preocupações de todo edifício público e conselho e oferece de modo bastante variado aquilo que agrade e alegre?[22]

7. O maior mal que a vida política oferece é a inveja, e é o que menos se enfrenta ao se chegar à velhice, "afinal, os cães rosnam para aquele que não conhecem", segundo Heráclito, e lutam contra o iniciante na política como se ele estivesse em uma espécie de portão do altar e não lhe dessem entrada; já a fama costumeira e habitual suportam não de modo selvagem e dificultoso, mas mansamente. Por isso, algumas pessoas comparam-na à fumaça; afinal ela é volumosa no começo ao anteceder o fogo, mas quando inflama, ela desaparece. E também combatem as outras proeminências, disputam pela virtude, pela nobreza

de família e pela ambição, como se tirassem delas aquilo que dedicam a outros; já o primado do tempo, que se chama principalmente de "decanato", não é invejado, mas sim concedido; afinal, com nenhuma outra honra acontece de adornar mais a pessoa que a concede do que a que é agraciada, como a honra dada aos anciãos. Ainda que nem todos esperem ter o poder da riqueza, da capacidade de discursar ou da sabedoria, nenhuma das pessoas que disputam cargos públicos perde as esperanças de ter a reverência e a fama que a velhice traz. Portanto, a pessoa que combateu a inveja por muito tempo em nada se difere de um piloto que navega perigosamente em direção a uma onda e um vento contrários, e, quando o tempo e o dia ficam bons,[23] busca atracar; quando a inveja cessa e acalma, essa pessoa arrasta a nau da vida pública para terra e lança fora as amizades e as associações em conjunto com as ações. Afinal, quanto mais anos tiver, mais amigos e colegas de disputa fez, aos quais não se permite afastar de si, da mesma forma que não é justo que um maestro abandone o coro. Mas, como no caso das árvores antigas, não é fácil remover a longa vida política, por ter muitas raízes e estar envolta em muitas ações, que fornecem mais perturbações aos que partem do que aos que permanecem. Se há algum resquício de inveja e rivalidade contra o ancião por causa das disputas políticas, deve-se antes extingui-lo com a capacidade do que dar-lhe as costas, partindo nu e inerme, pois não é contra as pessoas que combatem que os invejosos atacam, mas contra os que se afastam, por desprezo.

8. Foi evidência disso também o dito de Epaminondas aos tebanos, quando eles passaram pela Arcádia em meio ao inverno. Os árcades convidaram-nos a entrar na cidade e se abrigar em suas casas. Ele não permitiu isso, mas disse: "Agora admiram-se de nós e veem-nos com nossas armas e combatendo, mas, se nos virem sentados junto ao fogo devorando fava, hão de considerar que de nada nos diferimos deles." Tão augusta é a visão de um ancião discursando, tendo atividades públicas e sendo honrado. Já aquele que passa o tempo todo na cama ou sentado na esquina de um pórtico[24] falando ninharias e assoando o nariz é desprezível. Certamente é isso que Homero ensina aos que ouvem corretamente: afinal, Nestor combatendo em Troia é digno e muito honrado, já Peleu e Laertes[25] ficam em casa rejeitados e desprezados. Pois nem sequer a capacidade de pensar permanece de modo igual naqueles que abandonam a vida prática, mas ela relaxa pela inatividade, pouco a pouco vai se dissolvendo e se ressente de um exercício do pensamento, que sempre desperta e purifica a capacidade racional e prática: "Brilha nas necessidades, como um bronze distinto."[26]

Mesmo quando a atividade política sofre com a fraqueza do corpo daqueles que sobem ao palanque ou que ingressam nos quartéis-generais em idade avançada, o prejuízo é menor que o benefício trazido pela discrição e sabedoria prática do homem mais velho, não estando este propenso a ser levado, às vezes por erro, outras vezes por uma glória vazia, ao fracasso na vida pública, arrastando consigo a multidão, como um mar perturbado por ventos, mas, ao contrário disso, faz uso do que se encontra com cautela e moderação. Daí as cidades, quando tropeçam ou se assustam, sentem saudade do governo de homens mais velhos e muitas vezes trazem do campo um ancião que não pede nem deseja e obrigam-no a tratar os problemas com segurança, como se ele dirigisse o leme, rejeitando os generais e políticos capazes de gritar em voz alta, discursar sem respiro e, por Zeus, passar por cima dos inimigos e lutar bem. Por exemplo, os oradores na assembleia de Atenas incitavam Carés, o filho de Teócares, contra Timóteo e Ifícrates. Carés era vigoroso e estava no auge da condição física, e os oradores pediram para que ele fosse o general dos atenienses, mas Timóteo protestou: "Não, pelos deuses: esse tipo de homem serve para carregar a esteira para o general, já este deve olhar para a frente e para trás dos problemas, sem ser perturbado por nenhuma paixão nos pensamentos que podem ser úteis." De fato, Sófocles disse alegremente que, envelhecido, fugia dos prazeres de Afrodite como de um senhor selvagem e enlouquecedor. Na vida pública, não se deve escapar de um único senhor — o amor de jovens ou mulheres —, mas de outros muitos mais insanos do que ele: rivalidade, ambição, o desejo de ser o primeiro e o maior — doença produtora da inveja, da rivalidade e da sedição, paixões que, de um lado, a velhice relaxa e embota e, de outro, extingue e esfria. Não se afasta tanto do impulso ativo quanto impede as paixões impuras e inflamadas, de modo a dirigir aos problemas o pensamento sóbrio e seguro.

9. Contudo, que este não seja ou pareça ser um discurso exortando o governante na velhice a discursar como um

jovem e a se preparar para a batalha depois de um longo período em casa, como se um ancião se recuperasse de uma doença e se dirigisse para o comando militar ou civil: "Ó tolo, fique quieto em suas amarras."[27] Já aquele que não permite ao homem que envelheceu nas disputas políticas colocar-se à frente no término e fim de sua vida, mas o chama e ordena como se fosse para mudar uma longa viagem e trocar de ocupação, desconhece tudo e não é em nada conveniente. Afinal, como aquele que aconselhou um ancião que se preparava para casar, já coroado e perfumado, com as palavras ditas a Filoctetes: "Que noiva, que jovem virgem iria aceitá-lo? Você não é um bom partido, infeliz!" E não se disse nenhum despropósito. Eles mesmos, com efeito, brincam entre si sobre essas coisas: "Caso-me velho, bem sei, como também sabem os vizinhos!"[28] Já àquele que julga que o homem que mora e vive há muito tempo com alegria deva abandonar a esposa por causa da velhice e viver sozinho ou arranjar uma concubina no lugar da esposa legítima, nenhum excesso de vileza lhe falta. Assim, há algum motivo para que se impeça o ancião de se apresentar para o povo, aconselhá-lo e controlá-lo, como no caso do agricultor Clídon, do armador Lâmpis ou de algum dos filósofos do horto,[29] saídos de sua inatividade para isso. Mas no caso de Fócion, Catão ou Péricles, chamá-los à parte e dizer-lhes: 'Ó estrangeiro ateniense ou romano, 'ornaste a cabeça na juventude para o funeral', pede o afastamento da vida pública e deixa de lado as ocupações do palanque e do generalato, dirija os pensamentos a questões agrícolas e estarás ocupado com o trabalho agrário ou com alguma administração doméstica, dedicando o restante do tempo a tais pensamentos." Quem faz isso convence o homem político a agir de modo injusto e sem propósito.

10. "E daí", alguém poderia dizer, não ouvimos na comédia o soldado dizer: 'Os cabelos brancos me fizeram ser dispensado daqui.'?" Portanto, ó caro, convêm aos serviçais de Ares a juventude e o auge do vigor físico, pois eles conduzem "a guerra e as obras funestas da guerra",[30] atividades nas quais, ainda que o capacete oculte os cabelos brancos, "às escondidas os membros pesam"[31] e a força fica aquém da vontade; já aos fâmulos de Zeus da câmara, do comércio e da cidade não requisitamos trabalhos de pés e mãos, mas de conselho, precaução e discurso, não do tipo que produza uma cisão no povo e rumor, mas que tenha senso, pensamento inspirado e segurança, coisas com as quais os cabelos brancos e as rugas mostram-se como testemunhas da experiência e ajudam a convencer, adicionando reputação ao caráter. De fato, a obediência pertence à juventude, enquanto a velhice se relaciona com a liderança. E a cidade é mais segura "onde os conselhos de anciãos e as lanças dos jovens mantêm a mais alta distinção" e onde os versos "Criou em primeiro lugar um conselho de magnânimos anciãos junto à nau de Nestor" são especialmente admirados.[32] Por isso, a aristocracia unida aos reis da Lacedemônia foi nomeada "presbitério"[33] por Apolo, e, por seu turno, Licurgo tratava seus membros como "anciãos". Já a assembleia dos romanos até hoje é chamada de "senado".[34] E como a lei impõe

o diadema e a coroa como símbolos honoríficos da liderança, assim também a natureza fez com os cabelos brancos. E creio que os termos "*geras*" (prêmio honorífico) e "*gerairein*" (conceder prêmios) têm sua nobilidade continuada por causa dos "*gerontes*", ou seja, os anciãos,[35] não porque tomam banhos quentes ou dormem de maneira mais luxuosa, mas é como a nobreza nas cidades fosse mantida por causa da sensatez, cujo benefício próprio e completo, como de uma árvore de envelhecimento lento, é obtido somente na velhice. Portanto, nenhum dos "aqueus valentes e exalando vigor" censurou o rei dos reis[36] quando rezava para os deuses "que houvesse dez conselheiros dos aqueus assim" como Nestor, mas todos concordavam em que, não somente na vida civil, mas também na guerra, a velhice tinha uma grande influência; "pois um sábio pensamento único vence muitos braços"[37] e uma única decisão baseada na razão e a persuasão realizam as maiores e melhores ações públicas.

11. Contudo, mesmo a monarquia, que é a maior e mais perfeita das constituições públicas, envolve atenção, trabalho e comprometimento. Disseram, por exemplo, que o próprio Seleuco costumava dizer que, se a maioria soubesse como a simples ocupação de escrever e ler cartas era penosa, o diadema seria antes rejeitado do que escolhido. Dizem que Filipe, quando ia estabelecer seu acampamento militar em um bom espaço, ao ouvir que não havia pasto para os animais de carga, disse: "Ó Héracles, veja como é a nossa vida, temos de viver para favorecer os asnos!" Há um momento até para se recomendar a um rei que envelheceu

a depor o diadema e a manta púrpura, a assumir a roupa civil e um cajado e passar o tempo no campo, para não parecer que está reinando na velhice superfluamente e fora de hora. Mas se isso deve ser dito sobre Agesilau, Numa e Dario, também não vamos expulsar Sólon do Areópago e Catão, o Velho, do senado por causa da velhice, portanto não aconselhemos Péricles abandonar a democracia.[38] De outro modo, com efeito, não faz sentido dar coices no palanque e logo depois transpor rivalidades e ímpetos ensandecidos para as ações públicas na juventude e, quando se aproximar a idade da sensatez e da experiência, deixar de lado e abandonar a vida pública como se abandona uma esposa ao tirar todo o proveito dela.[39]

12. A raposa de Esopo não deixava o porco-espinho retirar de si os espinhos, ainda que ele quisesse fazê-lo, e dizia: "Se os retirares saciados, virão outros cheios de fome." É forçoso sempre que a república, ao expulsar os anciãos, encha-se de jovens sedentos por fama e poder, mas desprovidos de senso político. Como obterão isso, se não forem discípulos de ninguém, nem espectadores de um ancião ainda na vida pública? Se escritos de navegação não fazem capitães de navios, sem que tais capitães fiquem muitas vezes na popa como espectadores dos jogos contra ondas, ventos e noites borrascais, "quando o desejo pelos filhos de Tíndaro atinge o marinheiro em alto-mar",[40] poderia um jovem que leu corretamente um livro ou escreveu um ensaio escolar no Liceu[41] sobre a constituição governar uma cidade e convencer o povo ou o conselho, sem que ele mui-

tas vezes se ponha junto às rédeas e o leme de políticos e generais em disputa e receba o aprendizado, desviando-se para todos os lados com experiências e acasos, entre perigos e problemas? Claro que não. Mas se não houver nenhum outro motivo, o velho deve exercer a vida pública pela educação e formação dos jovens. Afinal, assim como aqueles que ensinam letras e música a aprendizes o fazem através do exemplo, o homem político ensina não apenas falando ou sugerindo de fora, mas trabalhando e administrando os problemas comuns. Ele guia o jovem moldando e ajustando de forma viva, com obras e palavras. De fato, aquele que se exercitou desse modo e não por palestras ou tábuas cobertas de cera de sofistas livres de perigo, mas como se fosse em verdadeiras disputas olímpicas e píticas, "corre como um potro desmamado ao lado de uma égua", nas palavras de Simônides, como fizeram Aristides com Clístenes, Címon com Aristides, Focíon com Cábrias, Catão com Fábio Máximo, Pompeu com Sila e Políbio com Filopêmen. De fato, sendo jovens, dedicaram-se a pessoas mais velhas, em seguida, como se brotassem e desabrochassem com suas ações e obras públicas, adquiriram experiência e hábito nas ações públicas com reputação e poder.

13. O acadêmico Ésquines, quando alguns sofistas o acusaram de fingir ter sido discípulo de Carnéades sem ter sido de fato, respondeu: "Eu aprendi com Carnéades na época em que suas falas tinham perdido a força e o volume por causa da velhice e se concentravam na utilidade e bem comum."[42] A atividade política na velhice, não somente

com a palavra, mas também com ações, afastada da celebração e da ânsia pela fama, como dizem da íris quando se torna velha, rejeita seu mau cheiro e sua podridão e passa a ter um aroma mais agradável. Assim, nenhum ensinamento ou conselho vindo de um ancião é perturbado, mas é todo severo e bem composto. Por isso, inclusive por causa dos jovens, é preciso, como foi dito, que o ancião permaneça na vida pública para que, da maneira que Platão disse no caso do vinho misturado com água, o deus ensandecido adquira a sensatez ao ser castigado por outro deus sóbrio.[43] Assim, a cautela do ancião, misturada à juventude fervilhante no povo, embriagada pela glória e pela rivalidade, afasta a loucura e a excessiva intemperança.

14. Sem isso, erram aqueles que consideram que participar da vida pública seja como navegar e ser um comandante militar, visando a um fim específico, cessando a atividade quando esse objetivo é alcançado. De fato, a política não é um serviço público visando a um objetivo funcional;[44] é mais um modo de vida para um animal social e político, e é de sua natureza a interação com os concidadãos pelo tempo em que for necessário pela busca do bem comum. Por isso, convém *participar* da política continuamente e não apenas por um determinado tempo; convém *dizer* a verdade sempre e não uma única vez; convém *agir* honestamente e *amar* a pátria e os cidadãos o tempo todo, e não só por um momento. De fato, a natureza leva a isso e sugere estas palavras para aqueles que não estão completamente perdidos pela preguiça e pela moleza: "um pai lhe

gerou pessoa capaz de muito entre os mortais" e "para que não cessasse de fazer o bem aos mortais".

15. Aqueles que mostram as enfermidades e fraquezas condenam mais a doença e a privação do que a velhice; afinal, muitos jovens são doentes e muitos velhos vigorosos. Assim, é preciso afastar não os anciãos, mas sim os incapazes; e não chamar os jovens, mas sim os capazes. Pois inclusive Arrideu era jovem, ao passo que Antígono era um ancião, mas faltou pouco para Antígono conquistar toda a Ásia, enquanto Arrideu, tinha nome e papel de rei, mas era manobrado pelos poderosos de fato.[45] Portanto, como é tolo aquele que julga dignos de cargo político o sofista Pródico ou o poeta Filetas; ainda que jovens, eles eram fracos, enfermiços e viviam de cama por alguma doença.[46] Assim é tolo também aquele que impede anciãos de governar e ser generais tais como era Focíon, como era o líbio Massinissa, como era o romano Catão. Afinal, Fócion, quando os atenienses estavam se lançando para uma guerra inoportuna, anunciou que aqueles que tinham até 60 anos iriam seguir a batalha com armas nas mãos. Quando se incomodaram, ele disse: "Não se preocupem, afinal, eu estarei com vocês, no comando, com mais de 80 anos."[47] Políbio nos informa que Massinissa morreu aos 90 anos, tendo deixado uma criança de quatro anos gerada por ele. Pouco antes de sua morte, venceu os cartagineses em uma grande batalha e foi visto no dia seguinte comendo pão sujo diante da sua tenda. Aos que se admiraram, ele disse que fazia isso sempre por causa do hábito. "Pois a casa usada brilha como cobre

faiscante, mas a inutilizada tem o teto arruinado com o tempo", como diz Sófocles. Entendemos por isso o brilho, o esplendor da alma, pelo qual consideramos, lembramos e somos sensatos.

16. Por isso, dizem que os reis se tornam melhores quando estão em guerras e expedições do que quando têm tempo livre. Átalo, o irmão de Eumenes, por exemplo, tendo ficado dissoluto por uma grande inatividade e pela paz, foi pastoreado e engordado por Filopêmen, um de seus colegas, a ponto até de os romanos perguntarem, em tom de brincadeira, sempre que vinha alguém de viagem da Ásia, se o rei tinha alguma influência sob Filopêmen.[48] Não se descobririam generais mais assombrosos do que Lúculo entre os romanos, quando era preciso unir a sensatez ao sentido prático. Mas depois que ele trocou a vida ativa por um regime doméstico e despreocupado, ficou necrosado e seco como as esponjas nas calmarias. Mais tarde, quando se entregou na velhice para ser cuidado e alimentado por um certo Calístenes, um de seus libertos,[49] julgou estar sendo encantado com poções e feitiçarias, até que seu irmão Marcos expulsou Calístenes e cuidou pessoalmente de Lúculo e o tutorou pelo restante de sua vida, que não foi longo. Mas Dario, o pai de Xerxes, costumava dizer que ele se tornava mais sensato em situações complexas; Ateas dizia que achava que em nada se diferenciava de um de seus cavalariços quando tinha tempo livre; o ancião Dionísio respondeu a quem perguntava se ele estava à toa: "Que isso jamais aconteça comigo." De fato, o arco, como dizem por aí, quebra-se quando retesado,

mas a alma quebra quando fica relaxada. Afinal, quando os músicos deixam de ouvir suas harmonias, os geômetras de resolver seus problemas e os aritméticos de fazer seus cálculos, as habilidades que adquiriram com o tempo diminuem com a velhice inativa, mesmo que estejam ligados a alguma arte contemplativa. Já a capacidade adquirida dos homens políticos são o bom conselho, a prudência, a justiça e, junto a essas, a experiência capaz de adivinhar ocasiões e palavras. Essa é uma capacidade criadora de convencimento. Elas são mantidas quando se fala, se age, se pensa e se toma decisões sobre determinado problema. E é terrível quando alguém que abandona suas atividades vê tantas e tão importantes virtudes lhe escaparem da alma. E a preocupação com os outros, o senso de comunidade e a benevolência podem desaparecer também, mesmo se não devessem ter fim ou limite.

17. Se você tivesse como pai Titono, que, embora imortal, possuía necessidade de grande cuidado por causa da idade,[50] não creio que fugiria ou recusaria o tratamento, o chamamento e o socorro por ter encerrado um serviço de longo período. A pátria — ou mátria, como os cretenses costumam chamar — tem direitos mais antigos e maiores do que os pais e, ainda que estes tenham uma longa vida, não é privada de velhice e nem autossuficiente, mas sempre necessita de cuidado, socorro e preocupação, também absorve e domina o homem político, "ao segurar a roupa e deter seu ímpeto".[51] E, ainda que você saiba que eu servi ao deus pítio por muitos anos,[52] não seria capaz de dizer: "Plutarco, você já fez sacrifícios, procissões e danças o bastante;

agora que está velho, é hora de afastar a coroa e deixar o oráculo por causa da idade." Portanto, tampouco julgue você que, por seres o líder e profeta dos ritos sagrados da política, seja necessário deixar as honras do Zeus protetor da cidade e da ágora, por já ter celebrado seus ritos por muitos anos.

O papel do político experiente

18. Agora que descartamos argumento que afasta os mais velhos da vida política, tratemos de discutir como evitar a maneira de não encarregá-los de nenhuma disputa inconveniente ou pesada, uma vez que a vida pública oferece muita coisa ajustada e conveniente para pessoas de idade. Afinal, como existem muitos registros e modos de canto, que os músicos chamam de "harmonias", se for necessário continuar cantando, não convém adotar estilo agudo e alto quando se fica velho, mas sim aquele estilo que continua fácil e conveniente de acordo com a idade. Assim, uma vez que a ação e a fala são mais naturais ao homem até a morte do que o canto é ao cisne, não se deve largar a atividade política como se larga uma lira aguda,[53] mas se deve relaxar e afinar de acordo com as atividades leves, moderadas e harmoniosas para anciãos. Pois não devemos deixar os corpos completamente imóveis e sem exercícios quando não somos mais capazes de usar picaretas ou halteres, de lançar o disco ou de lutar com armas como antes. Devemos escolher exer-

cícios suaves e caminhadas, como alguns que, enquanto se exercitam suavemente com uma bola e participam de conversas, fazem exercícios respiratórios e reaquecem a temperatura do corpo. E tampouco desprezemos a nós mesmos como se estivéssemos completamente esfriados e congelados pela inação, mas tampouco, do contrário, escolhamos todo encargo e obriguemos nossos velhos corpos a assumir toda atividade política nem que eles, quando se mostrarem aquém das capacidades, sejam obrigados a suportar estas palavras: "Ó mão direita, como sentes falta de pegar a lança; mas na fraqueza destruíste o desejo."[54] Afinal, um homem no auge da capacidade não é elogiado quando dedica todas as atividades para si e não deseja deixar nada para outra pessoa, como os estoicos afirmam sobre Zeus, intrometendo-se e misturando-se a tudo pela falta de saciedade na fama ou pela inveja dos que compartilham de qualquer forma de honra e poder na cidade. O amor pelo comando que se dedica em toda eleição, mesmo se você retirar a má fama, é trabalhoso e difícil para um ancião: de guarda em toda ocasião de julgamento e tendo curiosidade por toda reunião, ambição que quer capturar toda embaixada e toda defesa em tribunal. Com efeito, fazer isso, mesmo com benevolência, é algo pesaroso em uma idade avançada, e ocorre o oposto: são odiados pelos jovens, porque não se lhes permite ocasiões de ação nem se os deixa avançar para posições de destaque. A ambição de estar na frente granjeia junto aos outros uma má fama não menos do que a ganância e o hedonismo de outros anciãos.

19. Portanto, como Alexandre não queria oprimir Bucéfalo quando este estava envelhecido, andava em outros cavalos antes do combate, inspecionando as falanges, colocando tudo em ordem, em seguida, depois de dar o sinal, trocava para aquele primeiro cavalo e em seguida atacava os inimigos e corria os riscos. Da mesma maneira, o homem político, se tiver senso, montando a si mesmo, depois de envelhecer, vai se manter afastado do que não for necessário e vai deixar aos que estão na flor da idade a administração da cidade naquilo que for de menor importância, mas ele mesmo há de lutar de bom grado nas grandes situações. Com efeito, os atletas conservam os corpos intocados nos esforços necessários e puros para ocupações inúteis. Quanto a nós, ocorre o contrário, deixando os trabalhos de menor monta e mais comezinhos, guardamo-nos para aqueles que são dignos de esforço. Afinal, segundo Homero, "tudo convém ao jovem";[55] o povo aceita e ama aquele que faz muitas e pequenas obras como uma pessoa "popular" e "esforçada", já aquele que realiza obras grandes e admiráveis é chamado de "nobre" e "magnânimo". Há inclusive momentos em que a rivalidade e a ousadia têm seu momento e graça em pessoas dessa idade. Mas o homem já ancião que assume cargos administrativos na cidade, como cobrança de impostos, manutenção de portos e de mercados ou ainda missões e viagens para encontros de líderes e soberanos, nos quais não há nada de necessário ou valoroso, mas ape-

nas serviço e agrado, parece-me, ó amigo, odioso e detestável, contudo, para outros, parece até oneroso e penoso.

20. De fato, não é hora de uma pessoa dessa idade ser levada a postos de comando, a menos aqueles que têm certa estatura e dignidade, como aquele que você agora administra em Atenas, a supervisão do tribunal do Areópago, e, por Zeus, a dignidade da Anfictionia, que a pátria sempre confiou a você ao longo de toda a vida, que fornece "um esforço agradável e um trabalho confortável".[56] É preciso não ir atrás dessas honras, mas as assumir tentando evitá-las, não pedindo, mas se desculpando; não aceitando o comando como se fosse para si, mas como se eles se lhe obrigassem a aceitar o comando. Pois como Tibério César dizia, estender a mão ao médico quando se está acima de sessenta anos de idade não é vergonhoso, mas, em contrapartida, o é estender a mão ao povo pedindo voto ou apoio em uma assembleia. Isso é vil e baixo; assim, o oposto tem certa beleza e distinção, quando a pátria escolhe, chama, espera, e a pessoa de idade chega com valor e amizade para ser saudado e receber de verdade a honra e o prêmio.[57]

21. Também é assim que uma pessoa que envelheceu deve se valer da palavra em uma assembleia, não saltar frequentemente para o palanque, nem sempre cantar em resposta como um galo aos que falaram, e tampouco soltar as rédeas do pudor que jovens têm diante de você para se envolver em discussões e disputas, nem se esforçar para criar o costume da desobediência e da insubordinação. Mas, do contrário, às vezes é necessário relaxar um pouco

e permitir que se aticem e sejam muito ousados pela fama, sem estar presentes e se inteirar de tudo, onde não há nada de grande ou perigoso para a salvação comum ou a beleza e a conveniência. Nestas situações, é necessário, mesmo quando ninguém chamar, lançar-se em corrida além das capacidades, confiando em guias ou até mesmo levado de liteira, como contam que Cláudio Ápio fez em Roma. De fato, depois que os romanos perderam uma batalha para Pirro, ele foi informado de que o Senado considerava a possibilidade de aceitar um acordo de paz, considerou a situação insuportável e, embora houvesse perdido a visão de ambos os olhos, lançou-se carregado pelo fórum para o edifício do Senado. Ao entrar e se colocar no meio da casa, disse que antes sofria pela privação dos olhos, mas então ele rezava para também não ouvir que eles decidiam e realizavam feitos tão odiosos e vis. Depois disso, em parte para censurá-los, em parte para ensinar-lhes e estimulá-los, convenceu-os imediatamente a irem às armas e lutarem pela Itália contra Pirro. Há ainda o exemplo de Sólon. Quando se tornou evidente que a demagogia de Pisístrato era uma cilada para impor a tirania e ninguém defendia ou ousava impedir isso, Sólon buscou pessoalmente as armas, colocou-as diante da casa e decidiu socorrer os concidadãos. Quando Pisístrato enviou-lhe um mensageiro, perguntando em que ele confiava para fazer aquilo, Sólon disse em resposta: "Confio na velhice."

22. Questões tão necessárias hão de incitar e fazer levantar até aqueles anciãos já bastante envelhecidos, mesmo

que somente respirem. Em outras situações, porém, como foi dito, é melhor que os idosos recusem assuntos penosos, administrativos e que os obriguem a um esforço maior do que o benefício produzido para o povo. Há momentos em que eles esperam que os cidadãos os chamem, sintam sua falta e os tirem de casa, assim eles se apresentam mais confiáveis aos que pediram. Na maior parte das situações, mesmo que o ancião esteja presente, deve deixar que os mais jovens falem, ficando em silêncio, como se servissem de árbitros nas contendas de ambições políticas. Mas, quando houver excessos, deve criticar com sensatez e benevolência, removendo as rivalidades, difamações e iras. O ancião consola sem censurar quem tem opiniões erradas e ensina, e elogia sem temor aquele que acerta. Pode voluntariamente permitir ser vencido e convencido muitas vezes para que os jovens cresçam e tenham coragem, mas em algumas situações compensa o que falta com uma fala apropriada, como Nestor: "Nenhum dos aqueus há de censurar a palavra, nem dizer o contrário, mas ainda não alcançaste o termo das palavras, de fato ainda és jovem, poderias ser meu filho."[58]

23. Mais digno de um homem político do que isso é não criticar abertamente e em público, mas fazê-lo em particular, sem o golpe que impede e rebaixa bastante, aconselhando aqueles com talento para a vida política e apresentando falas e ações políticas que funcionam. Assim, os idosos facilitam o aperfeiçoamento moral, iluminam o pensamento dos jovens e, assim como fazem os instrutores

de equitação com os cavalos, controlam o povo suavemente para que os jovens políticos montem pela primeira vez, mas se estes vacilam de algum modo, não permite que desanimem, mas os levanta e os consola. Assim Aristides fez com Címon e Mnesífilo com Temístocles. Os jovens incomodavam e desobedeciam sendo apressados e indisciplinados, mas foram alçados e encorajados pelos mais velhos. Diz-se até que, quando Demóstenes foi rejeitado pelo povo na assembleia e ficou mal, um ancião que havia sido discípulo de Péricles chamou-o e disse-lhe que era semelhante no aspecto ao grande político e que ele censurava a si próprio injustamente. Assim, também Eurípides pediu para que Timóteo ganhasse coragem:[59] ele vinha sendo vaiado pela inovação e julgava-se que violava as regras da música. Eurípides lhe disse que em pouco tempo os teatros iriam estar todos a seus pés.

24. Tal como se divide o tempo de serviço das vestais em Roma em um momento para aprender, outro para praticar os ritos e um terceiro para ensinar, também as religiosas do templo de Ártemis em Éfeso são chamadas, primeiramente, "noviças", depois "sacerdotisas" e, por fim, "pós-sacerdotisas". Da mesma maneira, o homem público completo segue trajetória parecida: primeiro aprende a fazer e faz política, depois ensina e inicia os jovens. De fato, ainda que os treinadores de atletas não possam disputar os jogos, aqueles que treinam os jovens para enfrentar questões políticas e disputas públicas os preparam para realizar "grandes discursos e importantes obras"[60] para a pátria sem

deixar de ter papel significativo na política. De fato, essa pessoa contribui para o que Licurgo sempre dirigiu sua atenção: acostumar os jovens a obedecer aos mais velhos, como se estes fossem legisladores?[61] Por que será que Lisandro disse que na Lacedemônia os anciãos envelhecem melhor? Será porque lá se permite que os mais velhos fiquem desocupados, emprestem dinheiro, joguem dados sentados ou se reúnam para beber? Não poderia falar isso, mas porque, de algum modo, todos os homens dessa faixa etária possuem cargo de governantes, membros do conselho ou de mestres e não supervisionam somente os assuntos comuns, mas também se informam sobre cada uma das atividades dos jovens, sejam os ginásios, brincadeiras e regimes, não por curiosidade. Eles são terríveis para os que erram, veneráveis e desejáveis aos bons. Pois os jovens sempre os servem e os seguem, aumentando o que neles há de belo e nobre e ganhando coragem sem inveja.

25. Com efeito, esse sentimento, a inveja, não é conveniente em nenhum momento de vida. Contudo, entre os jovens, ganha muitos nomes positivos, como "disputa", "zelo" e "ambição". Mas, entre os anciãos, é completamente inoportuna, primitiva e vil. Por isso, é necessário que o político idoso esteja o mais afastado da inveja possível, para que não ajam como galhos secos, roubando e impedindo o nascimento e desenvolvimento dos jovens políticos ao seu lado e embaixo dele. Antes, é preciso admitir com benevolência e fornecer aos que compartilham e se envolvem na vida política. Por meio da correção de si mesmo, con-

duzindo e nutrindo não somente com instruções e bons conselhos, mas também pela concessão de ações políticas que fornecem fama e glória ou alguns serviços inocentes, mas que sejam agradáveis para a maioria e que acontecerão para o bem. Já tudo que for resistente, opositor e que morda e provoque bastante dor como os remédios, mas depois entrega a beleza e a utilidade, não se devem conduzir os jovens a estes assuntos e nem lançá-los aos tumultos, com as multidões tratando mal aqueles que não lhe são familiares, mas ele mesmo deve acolher os desprazeres mais inconvenientes. De fato, com essa atitude, ele há de deixar os jovens mais favoráveis e dispostos para os outros serviços.

26. Além de tudo isso, é preciso lembrar que ser político não é somente comandar, realizar missões, gritar alto na assembleia e agitar-se com a fala e a escrita ao redor do palanque — coisas que a maioria das pessoas considera que é próprio de um político, como também pensam que a vida filosófica consiste em conversar nos sofás e recitar lições em livros. Escapa-lhes a prática política e filosófica constante, observada em obras e ações a cada dia. E, de fato, dizem que aqueles que ficam dando voltas nos pórticos são "peripatéticos",[62] como dizia Dicearco, mas aqueles que caminham para o campo ou para a casa de um amigo não. A vida política é semelhante à filosofia. Sócrates, por exemplo, não montava uma sala de aula, sentava-se em uma cadeira e tampouco mantinha com os conhecidos uma hora designada para aula ou passeio; mas antes, de brincadeira, quando calhasse, seja bebendo ou em expedições militares,

com algumas pessoas ou na ágora, por fim, filosofava até preso e bebendo o veneno.[63] Ele foi o primeiro a fazer de sua vida um exemplo de aceitação da filosofia em tempo integral, em qualquer lugar, em todas as paixões e atividades. É necessário pensar também assim a respeito da vida política. Alguns insensatos fazem política, não atuando como generais, ministros ou líderes populares, agitando a massa, fazendo discursos públicos, semeando a discórdia ou ocupando cargos públicos não obrigatórios; já aquele mais dedicado à vida comunitária, benévolo, amante da cidade, cuidadoso e verdadeiramente político, mesmo sem jamais se vestir com a roupa militar, estará sempre fazendo política com o estímulo aos capazes, a condução aos que pedem orientação, com a companhia aos que desejam, com a mudança daqueles que fazem o mal, com o fortalecimento dos razoáveis. É evidente que essa pessoa não se atém superficialmente aos assuntos comuns nem ao esforço ou um anseio de ocupar a primeira fila no teatro[64] ou no conselho, e, diferentemente, quando vai é para ver e ouvir por diversão, e mesmo se não estiver presente com o corpo, estará com a opinião e com a informação, em parte aceitando, em parte irritando-se com o que é realizado.

27. Com efeito, nem Aristides governou os atenienses nem Catão governou os romanos muitas vezes, mas ambos dedicaram toda a vida a suas pátrias. Epaminondas obteve muitos sucessos militares, mas seus maiores feitos na Tessália não foram como general ou governante. No momento em que os generais levaram a falange para locais difíceis

e estavam perturbados (afinal, os inimigos lançavam-se ao ataque), chamavam Epaminondas do meio dos soldados. Primeiro fez cessar a perturbação e o temor do exército por meio de encorajamento e, em seguida, dispôs e ajustou a falange que estava desarranjada, retirou-a com facilidade e colocou-a diante dos inimigos, de modo que eles dessem meia-volta e se retirassem. Quando Ágis conduziu seu exército em formação de batalha contra os inimigos em Arcádia, um dos anciãos espartanos gritou, dizendo que ele estava curando um mal com outro mal. Então mostrou a Ágis que seu inoportuno entusiasmo pretendia ser uma compensação pela criticada retirada de Argos, como diz Tucídides. Ao ouvir o ancião, Ágis concordou e abandonou a batalha.[65] Havia um assento para Menécrates a cada dia diante do portão da prefeitura, e muitas vezes os éforos iam até ele, informavam-se e aconselhavam-se sobre as maiores questões. Afinal, ele parecia ser um homem sensato e compreensivo para se perguntar. Por isso, mesmo quando estava totalmente privado da força do corpo e passava a maior parte do tempo de cama, os éforos conclamavam-no para a ágora. Ele até se levantou e tentou caminhar, mas avançava pouco e com muita dificuldade. Em seguida, ao encontrar alguns jovens no caminho, perguntou se sabiam de algo mais constrangedor do que obedecer a um mestre, e eles disseram: "Não ser capaz de obedecer." Depois de considerar isso como o limite de sua utilidade no serviço público, retornou para casa. Pois é necessário que a nossa vontade não esteja aquém das capacidades; quando ela faltar, é melhor não forçar. Afinal, Cipião sempre recorreu a Caio Lélio como conselheiro quando era general e na política, de modo que alguns até disseram que Cipião era o ator das ações, e Caio, o poeta. O próprio Cícero confessa que os maiores e mais belos dos conselhos, com os quais corrigiu a pátria quando foi cônsul, foram estabelecidos em conjunto com o filósofo Públio Nigidio.

28. Assim, através de formas de ação pública, nada impede os anciãos de serem úteis à comunidade pelo que têm de melhor: razão, opinião, franqueza e "mente sábia", como dizem os poetas. Pois não são as nossas mãos e pés, nem o vigor do corpo as únicas partes e propriedades da cidade, mas, em primeiro lugar, a alma e as belezas da alma: justiça, sensatez e reflexão. Essas qualidades se desenvolvem tardia e lentamente, e é despropositado que sirvam para a casa, a fazenda, outras propriedades e posses e não sirvam para a pátria comum e os concidadãos apenas por causa da idade. A idade avançada não nos priva tanto da capacidade de servir quanto nos aumenta a capacidade de liderar e fazer política.

Pessoas e termos importantes

A menos que seja indicado de outra forma, todas as datas são a.C. Um asterisco ao lado de um nome indica que Plutarco incluiu a biografia completa da pessoa em *Vidas paralelas*.

*Agesilau Rei de Esparta (c. 445-359). Ele alcançou o trono com o apoio de Lisandro e comandou campanhas militares contra persas e gregos. Seu reino coincidiu com o declínio do domínio militar de Esparta sobre a Grécia.

*Alcibíades Político ateniense (451-404). Como um modelo nos ensaios de Plutarco, ele é conhecido por ser talentoso politicamente, mas irresponsável. Duas vezes na carreira ele foi expulso de Atenas e refugiou-se entre os persas ou entre os espartanos, ambos inimigos de sua cidade natal.

*Alexandre, o Grande Rei da Macedônia (356-323). Ele subiu ao trono com a morte de seu pai Filipe e posteriormente comandou na Ásia um exército combinado de macedônios e gregos para atacar o Império Persa. Sua conquista da Pérsia resultou em um realinhamento radical do poder no mundo grego e além dele.

Aníbal General cartaginês (247-182). Reconhecido na Antiguidade como um excelente comandante militar, liderou a invasão de Cartago à Itália durante a Segunda Guerra Púnica, mas foi por fim derrotado pelos romanos em Zama, na África.

Antígono Nobre macedônio e general sob Filipe e Alexandre (c. 382-301). Ele governou a Frígia na Ásia Menor para Alexandre, depois de cuja morte Antígono enfrentou outros ex-generais para ganhar o controle de um território maior. Morreu em batalha em uma idade avançada.

Areópago Um conselho de prestígio em Atenas que compreendia políticos que tinham sido eleitos para o cargo de arconte. Pode ter começado como um organismo para aconselhar reis e, depois, líderes eleitos, similar ao Senado romano. Pela maior parte de sua existência, era responsável por dirigir julgamentos, especialmente em casos de homicídio.

*Aristides Político ateniense (quinto século). Tinha uma reputação de ser justo e era frequentemente apresentado como o principal rival político de Temístocles. Banido em consequência de disputas políticas, mas logo reconvocado, ele assumiu um papel de liderança na Segunda Guerra Persa (480-479).

Arrideu Filho de Filipe e meio-irmão de Alexandre, o Grande (c. 357-317). Ele foi proclamado rei com a morte de Alexandre, mas serviu principalmente como um peão para governantes mais poderosos. A mãe de Alexandre, Olímpia, foi responsável pelo seu assassinato.

Augusto Caio Júlio César Otaviano (63 a.C.-14 d.C). Como filho adotivo de Júlio César, é simplesmente mencionado como César nos ensaios de Plutarco. Para diferenciá-lo de Júlio, os historiadores chamam-no de Otaviano ou Augusto, o título que ele recebeu em 27 a.C. quando se tornou, essencialmente, o primeiro imperador romano.

Beócia Uma região na Grécia, da qual Tebas era a cidade principal. [Também era a região do autor, Plutarco.]

Cábrias Soldado e general ateniense (c. 420-357). Conhecido pela invenção de táticas militares, serviu também sob líderes estrangeiros, incluindo Agesilau de Esparta em uma expedição ao Egito.

César Originalmente o sobrenome de Júlio César, tornou-se o termo comum para imperadores romanos.

*****Catão, o Jovem** Marco Pórcio Catão. Político Romano (95-46). Bisneto de Catão, o Velho, era igualmente conhecido por seu autocontrole e elevados padrões morais. Durante a guerra civil romana dos anos 40 a.C., Catão opôs-se a Júlio César e tomou o partido do Senado. Ele suicidou-se quando era governador de Útica, no Norte da África.

*****Catão, o Velho** Marco Pórcio Catão. Político Romano (234-149). Conhecido por seu austero apoio a valores tradicionais romanos e sua disciplina severa, opôs-se à adoção de hábitos gregos, que ele via como permissivos e corruptores da moral. Ele é conhecido como "o Censor", pela aplicação agressiva de suas crenças enquanto estava nesse cargo, e "o Velho", para distingui-lo de seu bisneto de mesmo nome.

Censor Cargo eletivo na hierarquia romana, era encarregado de realizar o censo oficial em cooperação com um colega. Os censores também eram encarregados da inspeção do comportamento e podiam excluir um cidadão da vida política com base na moral.

Címon Político ateniense (século quinto). Frequentemente apresentado como o maior rival de Péricles durante um período marcado por intensas brigas partidárias, durante as quais ele foi banido. Seus inimigos políticos acusaram-no de simpatizar com Esparta, de ter um relacionamento incestuoso com sua irmã e de bebida e sono excessivos.

Cipião Emiliano Públio Cornélio Cipião Emiliano Africano. Político Romano (185-129). Filho natural de Lúcio Emílio Paulo, ele era o neto por adoção de Cipião Africano, que derrotou Aníbal para encerrar a Segunda Guerra Púnica. Cipião Emiliano teve uma carreira militar longa e renomada, incluindo a derrota de Cartago na Terceira Guerra Púnica (146). Suas investigações intelectuais levaram-no a entrar em contato tanto com romanos, como Caio Lélio, e com gregos, como Políbio.

Cléon Político ateniense (século quinto). Conhecido como um demagogo, tornou-se um exemplo de aquisição de poder político por meio de políticas populares e agressivas, em oposição a uma liderança política ou militar estável.

Clístenes Político ateniense (fim do século sexto, início do quinto). Teve um papel na remoção dos tiranos que governavam Atenas durante boa parte do século sexto. Muitos atenienses equiparavam suas reformas políticas com a fundação da democracia em Atenas.

Conselho Anfictiônico Uma diretoria que comandava um santuário religioso. O conselho mais famoso comandava o oráculo de Apolo em Delfos e incluía membros de muitas cidades gregas.

Cônsul Cargo eletivo mais elevado na República Romana. Os cônsules eram eleitos em duplas e serviam por um ano.

*****Demóstenes** Orador e político ateniense. Era um orador talentoso que assumiu um papel de liderança no governo ateniense, sobretudo na política externa. Seu conjunto mais famoso de orações, as *Filípicas*, foi escrito em oposição à crescente influência de Filipe da Macedônia nos assuntos gregos.

Diógenes Filósofo cínico (c. 412-c. 321). Originalmente de Sínope, na Ásia Menor, passou a maior parte de sua vida adulta em Atenas ou Corinto. Ele é costumeiramente representado desrespeitando as convenções da sociedade e vivendo com o mínimo de objetos materiais.

Dionísio Nome de dois tiranos, pai e filho, de Siracusa. Dionísio I governou entre 405 e 367 e entregou o controle para Dionísio II, que foi expulso da cidade em 344 e viveu o resto de sua vida em Corinto.

Ditador Cargo formal mas temporário, assumido de modo irregular na República Romana. Um ditador seria eleito ou designado durante um tempo de crise e encarregado da realização de uma tarefa específica.

Edil Cargo eletivo em Roma responsável pela manutenção da cidade, a estabilidade do fornecimento de grãos e o patrocínio de jogos e festivais. Menos prestigioso do que outros postos eletivos em Roma, este cargo era tipicamente ocupado no começo de uma carreira política.

Éforos Havia ao todo cinco desses magistrados espartanos, cada um dos quais era eleito entre os cidadãos e mantinha o cargo por um ano. Ao lado dos reis, os éforos formavam o elemento executivo do governo espartano, os outros sendo a *gerousia* (conselho de anciãos) e a assembleia dos cidadãos.

Epaminondas General tebano (morreu em 362). Sob sua liderança, os tebanos alcançaram suas maiores vitórias militares, derrotando Esparta na batalha de Leuctra (371) e invadindo o território espartano nos anos seguintes. Embora tenha liderado os tebanos na vitória na batalha de Mantineia, ele morreu no combate.

Epimênides Homem santo lendário de Creta. Quando era um rapaz, diz-se que adormeceu em uma caverna e acordou 57 anos depois. Também se conta que foi convocado em Atenas para purificar a cidade de uma peste.

Eurípides Escritor ateniense de tragédias (c. 480-c. 406). Escreveu cerca de noventa peças, dezoito das quais sobrevivem. Plutarco faz citações tanto de obras preservadas quanto de não preservadas.

*Fábio Máximo Quinto Fábio Máximo Verrugoso. Político romano (terceiro século). Ele assumiu o cargo de cônsul cinco vezes e foi ditador duas. Durante a Segunda Guerra Púnica (218-201), quando os cartagineses levaram a guerra para a Itália, ele manteve uma estratégia de não engajamento, que lhe valeu o epíteto de "o Protelador".

Filipe Rei da Macedônia (382-336). Responsável pelo estabelecimento do domínio macedônio sobre as questões gregas, derrotou uma união de cidades gregas em Queroneia (338) e formou uma aliança que ele tinha intenção de comandar em uma campanha contra o Império Persa. Morreu assassinado e mais tarde seu filho Alexandre ascendeu ao trono.

Filopêmen General grego (c. 253-182). Da cidade grega de Megalópolis, serviu na confederação de cidades gregas que encerrou o domínio espartano no Peloponeso e opôs-se à imposição de controle romano.

Fócion Político ateniense (402-318). Eleito general 45 vezes em sua longa carreira, foi um líder político e militar respeitado e conhecido como "o Bom". Ele apoiou o controle macedônio sobre Atenas, e isso o levou a entrar em conflito com os partidários da democracia. Morreu depois de ser condenado a beber veneno.

Guerra do Peloponeso A guerra mais importante do período grego clássico entre alianças comandadas por Atenas e Esparta. Disputada com níveis variados de intensidade entre 431 e 404, culminou com a capitulação de Atenas.

Hesíodo Poeta épico grego. Suas duas obras principais foram a *Teogonia*, a história das gerações dos deuses, e *Os trabalhos e os dias*, um poema didático que defende o comportamento ético e o respeito aos deuses.

Homero Poeta épico grego (século oitavo). Dois dos poemas atribuídos a Homero, a *Ilíada* e a *Odisseia*, foram as obras literárias mais amplamente lidas e prestigiosas da Antiguidade.

Lacedemônia Outro nome para a cidade grega de Esparta.

Lélio Caio Lélio. Político e intelectual romano (c. 190- c. 129). Colaborador próximo de Cipião Emiliano, ele assumiu o posto de cônsul, entre outros cargos, e serviu com Cipião na campanha da África. Ele promoveu a disseminação da filosofia grega em Roma.

*Licurgo Legislador espartano. A essa figura legendária se atribuem o estabelecimento das leis de Esparta e um rígido sistema educacional na Antiguidade.

*Lisandro General espartano (morreu em 395). Foi responsável pela última vitória espartana na Guerra do Peloponeso. Quando Agesilau disputava o trono espartano, Lisandro apoiou-o e assegurou sua ascensão, mas depois Agesilau o julgou controlador e tentou diminuir sua influência.

*Lúculo Lúcio Licínio Lúculo. Político romano (morreu em 56). Na sequência de seu consulado em 74, liderou a campanha contra Mitrídates, rei do Ponto. Retornou a Roma para viver uma vida recolhida, pelo que foi acusado de negligenciar seu dever cívico e ter uma vida luxuosa.

*Mário Caio Mário. Político romano (c. 157-86). Tendo trabalhado sua ascensão na hierarquia civil da República Romana, Mário eventualmente alcançou a posição de cônsul, em que ele serviu sete vezes. Depois de um grande sucesso militar na Numídia e na Gália, envolveu-se em uma guerra civil com os apoiadores de Sila.

Massinisssa Rei da Numídia (238-148). Por vezes aliado, por vezes inimigo de Roma, foi conhecido como um guerreiro habilidoso que continuou no poder até uma idade avançada. Plutarco referia-se a ele como "líbio", ou seja, da região que corresponde hoje ao Norte da África, entre o Egito e a região de Cartago (esta chamada de África).

Menandro Escritor ateniense de comédias (c. 344-292). Escreveu em um estilo chamado "Nova Comédia", que é comparável à comédia de costumes moderna. Suas peças influenciaram os escritores de comédias romanos Plauto e Terêncio.

Nestor Personagem da *Ilíada* e da *Odisseia*, ele foi rei de Pilos e era famoso por ser mais velho e mais sábio do que os outros líderes que fizeram parte da Guerra de Troia.

*****Nícias** Político ateniense (c. 470-413). Um político moderado que estava frequentemente em oposição a outros líderes, ele comandou a campanha na Sicília, contra sua vontade. Morreu em meio à derrota dos atenienses.

Pamenes General Tebano (quarto século). Guardião de Filipe quando o futuro rei da Macedônia vivia em Tebas como refém, ele foi um comandante militar de sucesso, primeiro sob a direção de Epaminondas, depois como líder indisputado.

Panécio Filósofo estoico (c. 185-109). Nativo de Rodes, ligou-se ao séquito de Cipião Emiliano em Roma.

Peloponeso: A região sul da Grécia, era dominada por Esparta antes da ascensão do império romano.

*__Péricles__ Político ateniense (c. 495-429). Plutarco apresenta-o como um orador persuasivo e um político poderoso. Ele foi o principal responsável por um programa de construções que criou os monumentos mais famosos de Atenas, como o Partenon. Ele morreu na peste no período do segundo ano da guerra do Peloponeso.

Píndaro Poeta lírico grego (c. 518-c. 446). Suas composições mais famosas são odes encomendadas por vencedores nos jogos panelênicos, isto é, os jogos em Olímpia, Delfos (chamados de jogos píticos), Nemeia, Ístmia (no istmo de Corinto).

Platão Filósofo ateniense (c. 429-347). A filosofia de Platão, em sua versão chamada de "médio platonismo", foi a base das ideias filosóficas de Plutarco. Nos ensaios políticos, Plutarco deriva particularmente na noção platônica de "bem", que é a essência verdadeira da beleza ou bondade e que para o político representa o padrão mais alto de excelência moral.

Políbio Historiador grego (c. 200-c. 118). Seu pai foi um colega de Filopêmen na resistência ao controle romano sobre o sul da Grécia. Políbio foi eventualmente levado a Roma como um refém político, onde se tornou amigo de Cipião Emiliano. Ele escreveu uma biografia de Filopêmen (agora perdida) e uma história da expansão romana, da qual grandes partes existem.

*Pompeu Magno Cneu Pompeu Magno. General e político romano (106-48). Após atingir a proeminência com apoio de Sila, exerceu o consulado três vezes e obteve sucesso militar extraordinário na Europa, África e Ásia. Tornou-se líder da resistência do senado a Júlio César na guerra civil dos anos 40 a.C., mas morreu assassinado no Egito depois de ser derrotado na batalha de Farsalo.

Procônsul Cargo romano com o poder de cônsul sobre uma área geográfica específica, geralmente na condição de governador.

Pítia A sacerdotisa de Apolo em Delfos que emitia os oráculos, que vinham do deus, segundo a crença. O próprio Apolo era chamado de "deus pítico", e as disputas atléticas em Delfos eram conhecidas como jogos píticos.

Questor O cargo eletivo mais subalterno na República Romana. Diversos questores eram eleitos a cada ano (o número variou ao longo da história da República) e eram responsáveis pela contabilização do tesouro e outros encargos administrativos.

*Sila Lúcio Cornélio Sila. Político romano (c. 138-78). Sila chegou à proeminência enquanto servia sob Mário na África. Quando Mário e seus apoiadores negaram-lhe uma posição de comando militar de prestígio, ele levou seu exército contra Roma para fazer valer seu direito. Mais tarde, usou seu exército para derrotar seus oponentes políticos e, como ditador, reformou muitas instituições republicanas.

Simônides Poeta lírico grego (c. 556-c. 466). Simônides escreveu poesia em uma ampla variedade de gêneros. Suas obras mais conhecidas são elegias breves e epigramas sobre eventos históricos.

Sofista Professor de retórica, gramática e outros assuntos.

Sófocles Escritor ateniense de tragédia (morreu em 406). Ele teve uma vida muito longa e escreveu mais de 120 tragédias, sete das quais sobrevivem. Plutarco faz citações tanto de obras preservadas quanto de não preservadas.

***Sólon** Político ateniense (fim do século sétimo, começo do sexto). Célebre como legislador, Sólon reformou o sistema político de Atenas em meio a uma crise causada pelo fardo de dívidas impagáveis assumidas pelos pequenos proprietários de terra. Também foi um poeta que escreveu sobre suas reformas, entre outros tópicos. Muitos de seus poemas sobrevivem.

*ptemístocles** Político ateniense (c. 524-459). Exerceu um papel de destaque na vitória grega na Segunda Guerra Médica (480-479), especialmente na batalha de Salamina. Mais tarde, trabalhou para assegurar o poder ateniense, através da reconstrução das muralhas da cidade, entre outras ações. É tradicionalmente apresentado como um rival político de Aristides.

Teopompo Rei de Esparta (c. 720-675). Às vezes, atribuem-se a ele reformas constitucionais, incluindo o estabelecimento dos éforos.

Tribuno da plebe Cargo eletivo na República Romana, encarregado de representar os interesses do povo. Um conselho de dez era eleito para período anual.

Tribuno militar Oficial subalterno designado a um exército romano.

Tucídides Político e historiador ateniense (c. 460-c. 400). Como um general durante a Guerra do Peloponeso, perdeu uma batalha importante para os espartanos em 424, depois da qual foi banido de Atenas. Escreveu uma história da guerra, do começo (incluindo o prelúdio da guerra) até o ano de 411.

Xenofonte Soldado e escritor ateniense (nascido em 430). Embora criado em Atenas, sua aventura militar mais famosa foi como um mercenário na Pérsia, que é o assunto de seu livro *Anábase*. Ele perdeu a influência em Atenas quando lutou ao lado de Esparta na Batalha de Coroneia (394) e mais tarde se estabeleceu no território espartano. Escreveu livros em uma ampla variedade de gêneros, incluindo história, filosofia e romance.

Notas

Para um líder inculto
1   Plutarco cita uma tragédia perdida de Eurípides.
2   Plutarco refere-se a estátuas de bronze que eram fundidas sobre um núcleo de cerâmica. Com frequência, parte desse núcleo ou todo ele permanecia dentro da estátua terminada.
3   Para os reis da Pérsia, Ahuramazda, ou Oromasdes em grego, era o deus da justiça e sua divindade patrona. Os gregos o igualavam a seu Zeus.
4   De uma tragédia perdida de Eurípides cujo título se desconhece.
5   Plutarco cita três escultores famosos: Fídias, que fez estátuas de ampla escala de Atena em Atenas e de Zeus em Olímpia; Policleto de Argos, que criou o *Doríforo*, ou portador de lança; e Míron de Eleuteras, que criou o *Discóbolo*, ou lançador de disco.
6   Retirado da *Odisseia* de Homero, 19. 109, 111.
7   Clito era um dos oficiais de Alexandre. Enquanto ambos estavam bêbados em uma festa, Clito criticou Alexandre por desrespeitar os macedônios e favorecer os persas. Irado, Alexandre matou-o.
8   Zeus como rei dos deuses serve de modelo para os reis em geral. Anaxarco argumenta que Justiça e Direito fazem as ordens de um rei.
9   *Trabalhos e Dias*, 256.
10 Homero, *Ilíada* 10, 183-184.
11 Depois da vitória das forças de Júlio César na Batalha de Tapso, perto de Útica, Catão suicidou-se para não ser capturado e posteriormente perdoado por César.
12 Em sua *Vida de Arato* (26), Plutarco conta a mesma anedota sobre Aristipo, que era o tirano de Argos ao longo do terceiro século a. C. Ele mesmo assinala que Aristipo dormiu "em um estado de agitação e temor", embora tivesse assegurado a porta em seu quarto superior. Talvez Plutarco desejasse escrever Aristipo por Aristodemo, que não se conhece de outra forma.
13 O contraste entre o rei com educação filosófica e benevolente e o tirano egoísta era um lugar-comum do pensamento político grego. A

exposição mais famosa é o argumento de Platão na *República* em favor do Rei-Filósofo como o governante ideal.
14 A noção de pedestal é inspirada pela passagem famosa no *Fedro* de Platão (253d-254e), em que Platão compara a alma humana a uma carruagem puxada por dois cavalos. O auriga representa a Razão, enquanto os cavalos são o Espírito, que responde aos comandos da razão, e os Apetites, que eram muito difíceis de controlar. Platão escreveu que, quando vê alguém que é lindo, o auriga deseja não aquele exemplar particular de beleza, mas se lembra da "essência real da beleza", que então ele observa "instaurado ao lado do autocontrole sobre um pedestal sagrado".
15 *Das Leis* (716a), em que Platão sugere que a divindade é o começo e o fim de todas as coisas.
16 Plutarco refere-se novamente à noção platônica de beleza absoluta, que é linda em sua essência, antes de somente possuir uma aparência linda. Segundo Platão, Plutarco concebe beleza em termos éticos, e então o tradutor americano traduziu a expressão de Plutarco "as coisas mais lindas" como o "padrão absoluto de bondade". (N. do T.) A tradução brasileira preferiu manter o significado estético original.
17 Especialmente a sárissa, uma lança macedônia particularmente longa.
18 Homero, *Ilíada* 19, 242.
19 (N. do T.) Literalmente íngreme, com a ideia de íngreme em descida, em português "caminho íngreme" dá a impressão exatamente oposta.
20 Nesse terceiro exemplo, Plutarco leva a discussão de volta ao problema da liderança política, uma vez que o confisco de propriedade era uma penalidade imposta a criminosos e que podia ser abusada por governantes tirânicos.
21 A comparação de Plutarco entre visão e audição é baseada na teoria da extromissão, que sustentava que a visão ocorria quando um raio de luz emitido pelo olho encontrava um objeto externo.
22 Plutarco provavelmente refere-se a Cipião Emiliano, que ele usa como exemplo diversas vezes em seus tratados políticos.

Como ser um bom líder
1 (N. do T.) A tradução literal deste texto é "conselhos políticos", mas, tendo em vista o contexto mais amplo do livro, decidi seguir a tradução inglesa.

2 Homero, *Ilíada* 9, 55-56. Homero frequentemente se refere aos gregos por aqueus.

3 Homero, *Ilíada* 9, 443.

4 Plutarco cita versos de um poema desconhecido. O texto grego é incerto, e o significado, obscuro.

5 O palanque do orador, de onde os políticos dirigiam-se à assembleia dos cidadãos, era visto por Plutarco como o centro da vida política.

6 Quando Tibério Graco era tribuno da plebe em Roma (133 a.C.), sua legislação popular levou a um conflito com o Senado e eventualmente à sua morte pela violência da multidão. Seu irmão Caio depois levou adiante seu programa (também como tribuno da plebe 123-122 a. C), seguindo um plano ainda mais agressivo. Quando ele fracassou em obter a aprovação, recorreu a um conflito armado e foi morto.

7 Como em seu ensaio "Para um líder inculto", Plutarco faz da "beleza em si" a base de uma liderança política saudável.

8 De acordo com as *Vidas* que Plutarco escreveu sobre Cléon e Alcibíades, os atenienses de fato toleravam esses gracejos.

9 Depois de obter uma importante vitória contra os espartanos, Epaminondas foi atacado no tribunal por rivais invejosos de seus sucessos quando voltou a Tebas.

10 Miltíades frequentemente recebeu crédito por ter vencido a batalha de Maratona, onde os atenienses derrotaram os persas em 490 a.C. O argumento de Plutarco é que Temístocles prometeu não descansar antes que tivesse feito algo igualmente significativo.

11 Considerado pelos romanos como um gesto que minava a masculinidade de um homem.

12 O talento era uma quantia muito alta de dinheiro.

13 Homero, *Ilíada* 8, 441.

14 Hesíodo, *Teogonia* 80. Calíope, cujo nome significa "bela-voz", era a musa da poesia épica.

15 Tucídides 2, 65.

16 Não o historiador Tucídides, mas como Címon ou Efialtes, um político contemporâneo de Péricles.

17 Péricles promoveu uma política de não engajamento no começo da Guerra do Peloponeso, que garantia que Atenas não sofresse uma derrota militar. Na sequência de sua morte logo depois do começo da

guerra, outros políticos seguiram uma política mais agressiva e expansionista, incluindo a malfadada campanha na Sicília.
18 Aristófanes, *Cavaleiros* 137. Ciclóboro era um rio de grande e barulhenta correnteza próximo a Atenas.
19 Píndaro, *Olímpica* 6, 4.
20 Adaptado de Homero, *Odisseia* 10, 495.
21 Visto que os cônsules em Roma eram eleitos anualmente e normalmente não podiam concorrer por uma reeleição, Afrânio tinha de esperar por um ano para o próximo ciclo eleitoral, quando os candidatos preferidos de Pompeu não iriam concorrer.
22 Plutarco novamente retorna a seu tema de que o melhor político é um amante da beleza absoluta.
23 Isto é, Sila mostrava ao jovem Pompeu o respeito tipicamente reservado para homens mais antigos.
24 A "Água e a carriça" é possivelmente uma das fábulas de Esopo, mas hoje é desconhecida exceto por essa referência.
25 Platão, *Das Leis*, 762e.
26 Esse verso aparece duas vezes nas comédias de Aristófanes, *Vespas* 1033 e *Paz* 756.
27 Provavelmente uma referência a Catão, o Jovem, que Plutarco une a Fócion em um livro de suas *Vidas paralelas*.
28 Todos esses três homens eram considerados inimigos de Roma e foram mortos em batalha ou executados.
29 Homero, *Ilíada* 17, 171.
30 Homero, *Ilíada* 7, 358.
31 Como uma pessoa de posses, Antístenes normalmente deixaria um escravo fazer suas compras.
32 (N. do T.) A *Páralo* e a *Salamínia* são duas naus atenienses especiais, consideradas sagradas (inclusive, para mais detalhes sobre a primeira, que se acreditava o navio de Teseu, vide infra) e utilizadas somente para missões estatais especiais, como embaixadas importantes, visita a santuários religiosos, etc.
33 Isto é, os festivais em Olímpia, Delfos, Nemeia e no Istmo de Corinto.
34 Uma mistura de boxe e luta.
35 Os gregos competiam nus em disputas atléticas, então se despiam para a ação.

36 A chamada "âncora sagrada" era a maior das diversas âncoras de um navio e ficava de reserva, para ser usada somente em extremas circunstâncias. Proverbialmente, soltar a âncora sagrada significa exercitar sua última esperança em uma situação difícil.

37 Sófocles, *Traquínias* 1058.

38 Menêmaco, o endereço deste ensaio era provavelmente um cidadão de Sardes, que em tempos antigos era a capital do reino independente da Lídia e dominou muitas cidades gregas.

39 No teatro grego, as falas dos atores estavam escritas em vários metros poéticos.

40 Durante um ano, na sequência da Guerra do Peloponeso, a democracia em Atenas foi substituída por trinta tiranos que governaram conjuntamente e perseguiram seus oponentes. Quando a democracia foi restabelecida, declarou-se uma anistia em favor de todos aqueles que apoiaram o governo dos tiranos.

41 Atenas apoiava a cidade de Mileto (na Turquia moderna) quando ela foi capturada pelos persas em 494 a. C. Frínico produziu sua peça logo depois, e os atenienses multaram-no por lembrar-lhes um evento tão perturbador.

42 Alexandre destruiu Tebas em 335 a. C., depois de uma rebelião contra o controle macedônio. Cassandro, que governou a Macedônia na sequência da morte de Alexandre, reconstruiu a cidadela em 316 a. C.

43 Hárpalo era o tesoureiro de Alexandre. Depois de malversar fundos, refugiou-se em Atenas (em 324 a. C.), onde foi preso, mas depois escapou, levantando a suspeita de que alguns atenienses aceitaram propinas dele.

44 César (Augusto) capturou Alexandria no Egito em 30 a. C., durante sua guerra com Marco Antônio. Ário Dídimo de Alexandria era um filósofo que se tornou seu conselheiro.

45 Isso se refere à prática romana de visitar pessoas poderosas em suas casas na esperança de receber favores políticos e de outra natureza.

46 Plutarco faz uma adaptação das *Fenícias* de Eurípides, v. 524-25.

47 Em muitas cidades gregas os cidadãos eram divididos em unidades políticas chamadas de "tribos".

48 Adaptado de Homero, *Ilíada*, 17 156-158.

49 (N. do T.) Efebia é, em Atenas e em outras cidades gregas do período helenístico, um treinamento de caráter militar e educacional feito por todos os cidadãos homens quando atingiam a idade adulta. Cf. Marrou, *História da educação na Antiguidade*.
50 Cipião Emiliano e Lúcio Múmio serviram como censores em 142 a.C.
51 Quando é enviado para espionar os troianos (Homero, *Ilíada*, 10 227-253), Diomedes seleciona Odisseu como seu companheiro, que é conhecido pela agilidade de sua mente, e ignora outros heróis gregos que eram grandes combatentes como ele.
52 Gerião era um gigante mitológico que possuía um corpo triplo.
53 No mito de Jasão e o Velocino de Ouro, Héracles é deixado para trás e assim Jasão e seus homens, os argonautas, carecem da força física necessária para roubar o velocino. Medeia, uma bruxa e filha do rei que detém o velocino, apaixona-se por Jasão e usa seus poderes mágicos para ajudá-lo a realizar sua missão.
54 Homero, *Odisseia*, 5, 350.
55 Platão, *República*, 416e.
56 Duas estátuas famosas. Plutarco está voltando ao argumento que ele faz no ensaio "Para um líder inculto".
57 Dois golfos na costa da Líbia eram chamados "Sírtis."
58 O argumento de Plutarco é que honrarias não devem ser obtidas muito cedo na carreira de um político por exercer bem cargos menores.
59 Atletas que competiam em eventos esportivos patrocinados por santuários gregos ganhavam coroas feitas de ramos de árvores.

Deve um homem de idade participar da política?
1 Isto é, as pessoas buscam uma desculpa para não competir.
2 Em um jogo de tabuleiro semelhante ao xadrez, havia um grupo de peças chamadas de "sagradas" e essas peças seriam movidas por último. Fazer a jogada sagrada, que significa fazer algo por último, era uma expressão proverbial na época de Plutarco.
3 (N. do T.) *Peras* em grego tem os dois significados do substantivo "termo" em português, tanto de "ponto final" quanto de "palavra". Plutarco aparenta utilizar ambos os significados, tanto que "viver" e "bem

viver" têm o mesmo fim, ou seja, a boa vida (que para Plutarco inclui a atividade política) encerra-se somente com a morte); e que não deve ser feita distinção entre "viver" e "bem viver".

4   De acordo com a maneira que Plutarco imagina a alma, os elementos práticos e divinos eram mais benéficos do que as emoções e os impulsos físicos e podiam conduzir a um modo mais esclarecido de viver, mas eram também mais difíceis de se desenvolver e preservar.

5   Na *História da Guerra do Peloponeso*, Tucídides apresenta a oração pronunciada por Péricles para celebrar os soldados atenienses mortos depois do primeiro ano da guerra (2, 35-46). Esta oração inclui a fala citada aqui.

6   Da tragédia de Eurípides *As fenícias* (1 688). Antígona pergunta sobre seu pai Édipo depois que ele se cegou e assim se tornou um governante impotente. Édipo responde: "Ele foi destruído."

7   Aqui Plutarco se refere ao aprendizado na prática política, um tema que ele discute com maior profundidade abaixo e no tratado "Como ser um líder".

8   Alcibíades e Píteas eram políticos atenienses conhecidos por serem ativos e influentes quando eram relativamente jovens.

9   Isto é, Augusto.

10 Isto é, a Guerra do Peloponeso contra Esparta.

11 A passagem é citada do encômio que Xenofonte escreveu para o rei de Esparta, Agesilau 11: 15.

12 *Édipo em Colono* 668-673. Sófocles escreveu essa tragédia perto do fim de sua vida, e ela foi montada postumamente por seu neto.

13 Plutarco continua a comparação entre atores, que competiam em apresentações em festivais religiosos, e políticos, que competiam no serviço público. Havia um elemento religioso na vida polítca, o que permite Plutarco considerar o trabalho dos políticos como algo sagrado.

14 O *Páralo* era uma embarcação do Estado usada pelos atenienses para questões oficiais. Demóstenes escreveu um discurso contra seu oponente político Mídias por investir contra essa embarcação durante um festival.

15 Como uma punição por matar um homem injustamente, Zeus condenou Héracles a passar um ano como escravo de Ônfale, rainha da Lídia. Plutarco aqui descreve a vida na corte como luxuosa e permissiva,

em contraste com a vida mais concentrada e penosa que Héracles vivera enquanto realizava seus 12 trabalhos. Um desses trabalhos era matar o leão de Nemeia; posteriormente Héracles vestiria a pele do leão como um sinal de seu triunfo. O aulo, um antigo instrumento de sopro, frequentemente comparado ao oboé, é também um símbolo de luxo: os atenienses pensavam que sua música relaxava o autocontrole, e, por essa razão, Platão baniu o instrumento de sua República.

16   Plutarco aqui se refere aos três básicos apetites por comida, bebida e sexo (isto é, Afrodite), que nós humanos sentimos porque nossas almas existem em corpos físicos. Ele frequentemente contrasta esses apetites com a razão, que na pessoa filosoficamente preparada ganha controle sobre eles.

17   Como um método de banho, os gregos aplicariam óleo a seus corpos e então raspariam para limpar.

18   Em *Fedro* 246b Platão introduz o auriga que dirige o par de cavalos alados como uma metáfora para a alma humana. Eurípides menciona asas douradas nas costas de um de seus personagens em uma tragédia perdida.

19   (N. do T.) *Hypomnemata* é a tradução grega de *Comentarii*, nome dado a muitos livros históricos. É esse, por exemplo, o nome da renomada obra de Júlio César, no caso a referência é feita a um livro perdido de autoria de Sila.

20   Plutarco aqui se refere ao navio que se imaginava ter sido usado pelo rei mitológico de Atenas Teseu quando ele partiu para Creta para matar o Minotauro. Dizem que os atenienses o usavam para viagens sagradas à ilha de Delos e o preservaram até o século quarto a.C., substituindo constantemente a madeira apodrecida. "O navio de Teseu" tornou-se um problema filosófico sobre identidade: pode-se trocar quanto do barco até ele não mais ser considerado o mesmo que pertencera a Teseu?

21   Plutarco cita um fragmento de um poema de Píndaro, Aglaia é uma das graças.

22   O que se cita aqui são responsabilidades realizadas por líderes civis.

23   Isto é, depois de navegar por mares perigosos, não tirar vantagem de mares calmos.

24   Isto é, em um espaço público, como o café moderno.

25 Os pais de Aquiles e Odisseu.
26 Plutarco cita uma tragédia perdida de Sófocles.
27 Eurípides, *Orestes* 258.
28 A graça da piada parece ser que um homem de idade, porque viveu sozinho, dependia de auxílio dos vizinhos, assim, seu casamento vai aliviá-los do fardo. Mas a fala também pode querer dizer que o casamento de um homem de idade torna-se uma fonte de diversão para seus vizinhos.
29 Isto é, os epicuristas. Plutarco escreveu tratados críticos da doutrina epicurista, incluindo o que ele chama de sua "vida apolítica."
30 Homero, *Ilíada* 8, 453.
31 Homero, *Ilíada* 19, 165.
32 Homero, *Ilíada* 2, 53.
33 *Presbýtes* em grego significa "homem velho".
34 Plutarco escreve *gerousia*, ou "conselho de anciãos", o equivalente grego do latim *senatus*, que é derivado da palavra *senex* ou "ancião."
35 Um *geras* (dom honorífico) normalmente seria concedido por um rei.
36 Isto é, Agamemnon, líder dos gregos em Troia. A citação que segue é de Homero, *Ilíada* 2, 372.
37 Da tragédia perdida de Eurípides, *Antíope*.
38 Todos esses homens foram conhecidos pela longevidade de suas carreiras.
39 Em outros lugares, Plutarco critica homens que se casam somente para adquirir um dote ou gerar filhos e depois dissolvem o casamento uma vez realizado seu propósito.
40 Os filhos de Tíndaro eram Castor e Polideuces (ou Pólux), também conhecidos como os dióscuros. Pensava-se que eles se apresentavam na luz brilhante que era causada pela descarga elétrica e aparecia nos equipamentos dos barcos durante a tempestade. Agora conhecida como fogo de Santelmo, para os antigos essa luz era um sinal da proteção divina e o fim da tempestade.
41 (N. do T.) O Liceu é o nome da escola de Aristóteles, que tinha o costume de escrever diversos ensaios, entre outras temáticas, dedicados à constituição das várias cidades gregas. Destes ensaios preserva-se a *Constituição dos atenienses*, da pena do próprio chefe da escola, mas

sabe-se que ele e seus discípulos compuseram diversos outros tratados dedicados à temática política e histórica.

42 (N. do T.) Ésquines de Nápoles, não o político ateniense Ésquines, foi um filósofo-chefe da Academia fundada por Platão no final do segundo século; Carnéades também foi um chefe, uma geração anterior a Ésquines. Ambos filósofos, embora na tradição direta de Platão, são caracterizados pelo desenvolvimento da filosofia cética, que afirmava a impossibilidade do conhecimento verdadeiro de tudo. Essa posição era chamada na antiguidade de "acadêmica" e, hoje em dia, "ceticismo acadêmico".

43 O deus ensandecido era Dionísio, deus do vinho, e o deus sóbrio era Poseidon, deus do mar ou, neste caso, água.

44 Em seu trabalho sobre a política, Aristóteles celebremente declarou que os seres humanos eram, naturalmente, animais políticos (*Política* 1253a).

45 (N. do T.) Arrideu era filho de Filipe II e meio-irmão de Alexandre o Grande; nunca obteve comando político verdadeiro, sendo apenas um títere nas mãos das pessoas que tinham poder de fato; já Antígono foi um general do exército de Alexandre que conseguiu obter quase a maior parte do império que seu antigo comandante conquistou.

46 Pródico de Ceos é um importante pioneiro da sofística do quinto século, sua fraqueza já é mencionada como um de seus traços marcantes no *Protágoras* de Platão (315d). Já Filetas de Cós foi um poeta e estudioso que viveu no século IV e foi um dos pioneiros dos estudos em Alexandria, sua magreza é notória.

47 Plutarco conta essa história em sua *Vida de Fócion* (24), com a informação adicional de que a ideia de homens acima de 60 anos de idade levada para a guerra por um general de 80 anos esfriava o entusiasmos dos atenienses pela batalha. O argumento de Plutarco aqui é que o ancião Fócion ainda mantinha a posição de general, mas ele confiava na sabedoria mais do que na força física para governar a cidade.

48 Átalo II era rei de Pérgamo na Ásia Menor. O Filopêmen aqui mencionado era um de seus oficiais da corte, não o general grego que Plutarco usa como exemplo em outros pontos deste tratado.

49 Em Roma um liberto era um antigo escravo, que frequentemente continuava trabalhado com seu mestre, mesmo depois de receber a liberdade.

50 Um personagem da mitologia grega, Titono recebeu o dom da imortalidade, mas não da ausência de envelhecimento; assim, ele viveu para sempre, mas permanecia envelhecendo.
51 Homero, *Ilíada* 16, 9.
52 Plutarco foi um sacerdote de Apolo Pítio em Delfos. A pitíada era os quatro anos de intervalo entre os festivais de Delfos, como a Olimpíada era o intervalo de quatro anos em Olímpia.
53 Os gregos cantavam ao som da lira, e assim a ideia é que uma pessoa de idade que não mais pode atingir as notas altas deve deixar de lado a lira aguda.
54 Eurípides, *Héracles* 268-269.
55 Homero, *Ilíada* 22, 71.
56 Eurípides, *Bacantes*, 66.
57 Plutarco novamente se refere ao *geras* ("presente de honra") que ele relaciona aos *gerontes* (os anciãos) na seção 10.
58 Homero, *Ilíada* 9, 55-57. Nesta parte da história, o exército grego está sendo pressionado pelos troianos e o líder grego Agamemnon propõe uma retirada. Diomedes responde como um chamado para continuar o combate. Nestor elogia Diomedes, mas diz, de modo educado, que seu entusiasmo corajoso não resolvia o problema. Como os leitores de Plutarco provavelmente se lembrariam, Nestor continua dizendo: "Vem, eu afirmo que sou mais velho que ti, declaro e explico tudo."
59 Esse Timóteo era um tocador de lira e poeta, enquanto o Timóteo acima mencionado era um general ateniense.
60 Homero, *Ilíada* 9, 443.
61 Legisladores, como Licurgo em Esparta ou Sólon em Atenas, possuíam um especial apreço, e as leis e práticas atribuídas a eles às vezes eram tratadas com a mesma autoridade de uma constituição em um Estado moderno.
62 Literalmente "caminham em volta" e, por extensão, "caminhar em volta fazendo um arrazoado". O verbo grego é *peripatein*, que nos dá o adjetivo peripatético, um epíteto comum da escola de filosofia de Aristóteles.
63 (N. do T.) Referências a dois diálogos de Platão: as duas primeiras, da bebida e da guerra, referem-se ao *Banquete*, obra em que Sócrates está em uma festa e, ao mesmo tempo, Alcibíades faz um detalhado

relato das ações de Sócrates em batalha (219e-221b). A segunda referência, à filosofia, quando Sócrates bebia o veneno, está no diálogo *Fédon*, que narra a morte do filósofo em meio a diversas conversas de teor filosófico.

64 A assembleia popular às vezes se encontrava no teatro da cidade.

65 Durante a Guerra do Peloponeso, os espartanos criticaram seu rei Ágis por não conquistar a cidade de Argos e ameaçaram destruir sua casa e multá-lo a menos que ele conseguisse um grande sucesso para compensar. A tentativa de Ágis de evitar a punição foi ímpeto para sua ação militar precipitada na Arcádia.

Sobre o autor

PLUTARCO foi um historiador, filósofo e prosador grego. Nascido em Queroneia, na Beócia, estima-se que tenha vivido entre 46 d.C. e 120 d.C. Escreveu cerca de 230 obras, sendo a mais famosa delas a coletânea *Vidas paralelas*, que reúne biografias de 50 personalidades da Antiguidade, tendo sido responsável pelas principais informações sobre as civilizações grega e romana da época. É nesse livro, por exemplo, que se encontra uma das biografias mais importantes de Alexandre, o Grande. Em *Morália*, discutiu questões envolvendo moral, teologia, filosofia e literatura. A obra de Plutarco, difundida pelos humanistas do Renascimento, exerceu acentuada influência sobre o ensaio e a biografia na literatura ocidental. Jean-Jacques Rousseau, um dos filósofos mais importantes do Iluminismo, considerava a leitura de Plutarco obrigatória a todos que desejassem uma carreira política.

Direção editorial
Daniele Cajueiro

Editora responsável
Ana Carla Sousa

Produção editorial
Adriana Torres
Mariana Bard
Rachel Rimas

Revisão de tradução
Alvanísio Damasceno

Revisão
Luiz Felipe Fonseca

Projeto gráfico de miolo
Larissa Fernandez Carvalho

Diagramação
Filigrana

Este livro foi impresso em 2020
para a Nova Fronteira.